10분에 한 권
당신도 속독할 수 있다!

신개념
속독법

IRASUTO ZUKAIBAN SAIKYO NO SOKUDOKUJUTSU

by Eiji Saito

Copyright © 2006 Eiji Saito

All rights reserved.

Original Japanese edition published by

KAWADE SHOBO SHINSHA Ltd. Publishers.

This Korean edition is published by arrangement with

KAWADE SHOBO SHINSHA Ltd. Publishers,

Tokyo in care of Tuttle-Mori Agency, Inc., Tokyo through Yu Ri Jang Agency, Gyeonggi-do.

10분에 한 권
당신도 속독할 수 있다!

신개념 속독법

사이토 에이지 지음 | 박선영 옮김

성공하는
직장인을 위한
하루 10분 독서 기술
51가지 수록

알ㅍㅏ미디어

속독으로 경험하는 새로운 세계

- 한정된 시간 동안 더욱 많은 책을 읽고 싶다.
- 눈앞에 업무 관련 자료나 중요한 서류가 산더미처럼 쌓여 있는데 읽을 시간이 없다.
- 상상력이나 창조력, 집중력을 더욱 키우고 싶다.
- 속독에 흥미가 있지만, 지금까지 망설여왔거나 도중에 좌절했다.

혹시 위의 항목 중에 하나라도 '그렇다'가 있다면 망설이지 말고 이 책을 한번 읽어보라고 권하고 싶다.

이 책에서 다루는 속독법은 기네스북도 인정한 세계 제일의 속독 기록 보유자인 미국의 하워드 S. 버그가 개발한 기술을 개량한 것이다. 또한 버그의 기술을 내가 독자적으로 개발한 '사이토식 속독법'에 도입해 보다 완벽하게 만든 그야말로 '신개념 속독법'이다. 동시에 지금까지의 '스피드를 중심으로 한 속독법'과는 전혀 달리 각자가 자신의 목적에 맞게 책을 읽으면서 내용도 이해할 수 있는, 훨씬 실용적인 '속독 · 속해速解법'을 담고 있다.

굳이 말할 필요도 없이, 정보가 범람하는 요즘 시대에는 재빨리 '쓸 만한 정보'를 입수할 수 있느냐, 없느냐가 성패를 좌우한다. 정보 선진국이라 불리는 미국에서는 속독 능력이 '우수한 직장인'의 필수 조건이라고 할 정도다.

한 권을 10분 만에 읽어도 내용을 이해할 수 있다

 하워드 S. 버그는 1990년도판 ≪기네스북≫에서 세계 제일의 속독 기록 보유자로 인정을 받았다.

 두말할 필요도 없이 ≪기네스북≫은 세계 제일의 기록을 모아 소개하는 책이며, 엄격한 심사를 자랑한다. 속독의 경우에는 단순히 독서 속도뿐 아니라 이해력도 시험하고 있다. 다시 말해 '속독 속도'뿐 아니라 '속해력'도 시험하고 있다는 뜻이다.

 버그는 속독으로 10분 동안에 한 권의 책을 다 읽을 수 있다고 하니, 실로 경이로운 속도가 아닐 수 없다. 240페이지짜리 책이라면 1분 동안에 평균 24페이지, 페이지당 600자라고 한다면 1분 동안에 1만 4,400자를 읽는다는 계산이 나온다. 페이지마다 속도는 달라지겠지만, 평균적으로 2~5초 동안에 한 페이지를 읽어버린다는 말이다.

누구나 속독할 수 있는 능력이 있다

원래 인간의 두뇌는 컴퓨터보다도 더욱 뛰어난 능력이 있다. 한순간에 많은 정보를 처리하는 능력은 슈퍼컴퓨터 수준인데도 그 힘을 100퍼센트 발휘하고 있는 사람은 거의 없다.

사람들은 보통 책을 읽을 때 머리말부터 한 자, 한 자 이해하면서 읽으려 한다. 어릴 때부터 몸에 밴 독서 스타일이기 때문이다. 하지만 많은 단어를 순간적으로 읽고 이해하는 법을 익힌다면 페이지 전체를 몇 초 동안 쑤욱 훑는 것만으로도 필요한 정보를 뽑아내거나 그 안에 적힌 내용을 이해할 수 있게 된다.

이 책에서 소개하는 속독 훈련법을 실천한다면 누구나가 '한 자한 자 읽기'에서 '단락', 그리고 '페이지 전체'로 이해할 수 있는 범위를 순식간에 넓힐 수가 있는 것이다.

텔레비전에서도 입증된 버그의 실력

버그가 속독법에 눈을 뜬 것은 대학생일 때였다. 생물학, 교육학, 심리학 이렇게 세 학문을 동시에 공부하려고 결심하여, 다른 학생보다 세 배나 많은 책을 읽어내야 했기 때문이다. 그 후 뉴욕에서 교사를 할 때는 방대한 양의 연구와 일을 처리하면서도 난이도가 높은 상급 자격시험을 불과 열흘 동안 준비해 당당하게 합격하기에 이르렀다.

그즈음에는 버그의 속독법으로 미국 전역이 들썩거렸으며, 그는 미국의 유명한 텔레비전 쇼 등에 초대받았다. 그리고 수많은 청중과 텔레비전 시청자들 눈앞에서 속독 실력을 선보였다.

모든 쇼에서 버그의 속독·속해 능력을 칭찬했다. 지금까지 읽은 적이 전혀 없는 책을 건네받아 시청자들 앞에서 몇 분간 속독한 것만으로 책 내용에 대한 사회자의 까다로운 질문들에 완벽하게 답했기 때문이다.

다양한 니즈에 부응하는 신개념 속독법

버그의 '속독·속해법'은 실전적이며, 내가 개발해온 '사이토식 속독법'과 상당히 많이 비슷하다. 이에 감명을 받은 나는 버그의 속독 기술을 개량하여 더욱 완벽한 것으로 만들었다.

동시에 뉴욕대학 교육학부의 닐라 밴튼 스미스를 비롯한 교수들이 개발한 구미식 속독법 중에서 뛰어난 기술을 도입하여 폭넓고 실전적인 '신개념 속독법'을 완성하였다고 자부한다.

책을 읽는 목적은 사람마다 모두 다르며, 그 목적에 따라 속독하는 방법도 달라진다. 예를 들어 즐기기 위한 독서와 시험에서 높은 점수를 얻기 위한 속독은 그 방법이 당연히 다르다. 벼락치기 시험 공부에 맞는 독서법도 있고, 정보량이 많은 신문이나 잡지에 맞는 속독법도 있다. 두꺼운 전문서나 경제·경영서, 매뉴얼 등을 단시간에 마스터하기 위한 독서법도 있다.

이 책에서는 이렇게 다양한 목적에 부응할 수 있는 효율적이고 효과적인 속독 기술을 익힐 수 있도록 배려하고 있다.

현대인에게 필요한 진정한 독서법

지금 우리 직장인들에게는 점점 속독 능력이 필요해진다. 속독이 바쁜 와중에 양질의 정보를 손에 넣고, 나아가 사적인 시간도 의미 있게 보내기 위한 대단한 무기가 되리라는 것은 말할 필요도 없다.

그러나 많은 이들이 아직까지도 '속독은 책의 가치를 경시하는 것'이라며 비판한다. 독서란 책을 통해 저자와 마주앉아 그 책을 쓴 의미를 음미하고, 지식을 흡수하고, 사상을 형성하고, 방법론을 키워가는 과정이라는 인식이 있기 때문이다.

나도 이 '숙독'을 부정하는 것은 결코 아니다. 오히려 살아가는 데 있어 근본이 될 것 같은 중요한 책은 시간을 들여 천천히 숙독, 정독해야 한다고 생각한다.

이 책은 속독법 마스터를 제안하고 있지만, 모든 책을 속독하라고 권하는 것은 아니다. 나는 오히려 모든 책을 속독하는 것은 잘못되었다고 생각한다. 목적에 따라 '속독'과 '숙독'을 병용해야 한다. 언제나 속독만 고집한다면 지식은 합리적으로 흡수할 수 있을지 모르겠지만, 중심이 없는 얄팍한 인간이 되어버리기 때문이다.

단, 오로지 숙독으로 일관하는 것도 분명 좋지 않다. 현대처럼 책이나 정보가 홍수처럼 범람하는 상황에서는 분명 뒤처지게 된다. 많은 책 속에서 필요한 정보를 날카롭게 판별, 이해하는 기술은 현대를 살아가는 사람이라면 반드시 필요한 능력이라 할 수 있다.

상상을 초월하는 속독의 성과

이 책을 통해 속독법을 익히면 책 한 권을 독파하는 시간이 경이로울 정도로 단축된다. 지금까지 소개되었던 수많은 속독법에서 일보 전진한 이 책은 상당히 실용적이고 실전적인 새로운 속독법을 소개하고 있기 때문이다.

그 하나는 책 내용에 따라 각 부분의 독서 속도를 3단계로 바꾸는 방법이다.

그밖에도 '스키마법'이라는 기술을 비롯해 뛰어난 속독 기술을 다양하게 채용하여, 단시간에 재빨리 문장을 이해할 수 있도록 하고 있다. 게다가 이 속독법은 단순히 속독이나 속해 능력만을 키우는 것이 아니라 상상력이나 독창력, 창조력 등 의외의 능력도 키울 수 있게 되어 있다.

단시간에 문장을 속독할 때, 우뇌가 활성화된다는 사실은 이미 증명되었다. 우뇌는 예술적인 감각을 관장할 뿐 아니라 방대한 이미지 구성 능력도 지니고 있다. 동시에 이러한 능력은 평소에 좀처럼 발휘되는 일 없는 잠재 능력이라고도 할 수 있다.

속독을 하게 되면 이처럼 예상 밖의 부산물을 얻을 수 있다. 정보화 시대의 강력한 무기를 손에 넣으면서 동시에 깊이 있는 지성이나 인간성을 키울 수도 있는 것이다.

책이나 서류를 읽는 속도가 빨라지면 시간적인 여유가 생겨 창조적인 업무에 더욱 많은 시간을 투자할 수 있다는 것은 하루하루를 분주하게 보내는 독자들도 실감할 것이다. 나아가 속독은 기억력이나 집중력을 높이고, 우뇌를 활성화한다. 속독으로 풍부한 감성과 지성이라는 부산물도 얻을 수 있는 것이다.

'업무 능력'뿐 아니라 '인간력'까지 향상시킬 수 있는 이 속독법의 성과를 실감해보길 바란다.

신개념 속독법의 우수성

 목적   효율적이고 효과적인 속독

'스피드'와 '이해력'을 겸비, 다양한 목적에 대응할 수 있는
매우 실전적인 필수 능력

CONTENTS

목차

chapter 1

당신도 할 수 있는 속독법의 기본 노하우

모든 책의 내용을 순식간에 파악하는 독서 포인트

chapter 3

속독 실력을 키워주는 신개념 테크닉

chapter 4

실전에 바로 응용할 수 있는 속독 트레이닝

chapter 5

뇌력을 키워주는 기억력과 집중력 강화법

이 장은 더 빨리, 더 심층적으로 책을 읽기 위한 첫걸음을 담고 있다. 인간의 눈과 뇌에는 문장 내용을 순식간에 이해할 수 있는 능력이 있다. 이 '잠자는 능력'을 각성시키는 트레이닝을 반복하면 책 읽는 속도는 매우 빨라진다. 대표적인 속독 테크닉인 '스키마법', '스키밍법'도 함께 소개한다.

chapter *1*

당신도 할 수 있는
속독법의 기본 노하우

01

글자 덩어리를 이미지로 포착하라

글자를 하나하나 좇아서는 안 된다

연말이나 크리스마스 등 대대적인 세일 기간에는 백화점이나 슈퍼마켓 같은 곳에 갖가지 상품이 진열된다. 문구점 같은 곳에는 아름다운 크리스마스카드나 수첩, 다양한 색상의 종이, 볼펜, 사인펜 등이 빽빽하게 들어차 있다.

이 가게 안을 슬쩍 보기만 해도 우리는 어디에 무엇이 있는지를 파악해서 마음에 드는 물건을 골라낸다. 이 능력을 독서에도 활용할 수 있다면 어떨까? 책을 읽는 속도가 한층 빨라질 것이다.

하지만 책을 읽는다고 하면 변함없이 한 자, 한 자 또는 한 단어, 한 단어를 열심히 좇아가는 사람이 많다. 이 차이는 어디에서 생기는 것일까.

이는 초등학교부터 받아온 교육 때문이라는 설이 있다. 우리는 초등학교 1학년 때부터 교과서를 보며 "사·과·나·무·의·열·매·는……"이라고 하나하나씩 낭독한다. 그리고 한 자한 자 읽어나감으로써 차츰 '사과나무의 열매'라는 말이 만들어져 비로소 의미를 이해할 수 있게 된다.

하지만 실제로 우리의 뇌는 '사과나무의'라는 단어에서 식물중 '사과나무라는 종류의 식물'을, '열매'라는 단어에서 가지나 꽃이 아닌 열매라고 인식하는 것은 아니다. '사과나무의 열매'라는이어진 말에서 바로 그 탐스러운 사과를 연상하는 것이다.

다시 말해 한 자 한 자 읽거나 한 단어씩 읽으면서 이를 합성하고 조합해가는 것은 뇌의 구조적 측면에서 봤을 때 상당히 비효율적이며, 오히려 더 복잡하기만 할 뿐이다.

오히려 '사과나무의 열매'라는 단어의 집합, 다시 말해 구(句)를보고 바로 의미를 판단하는 편이 낫다. 이것이 속독의 비결이며, 기초다.

한 걸음 쉬어가기

미국 대통령과 속독법

속독 선진국인 미국에서는 많은 사람들이 속독을 익혔다. J. F. 케네디가속독법을 익혔는가 하면 F. 루스벨트, 카터 등 역대 대통령들도 속독법을습득했다고 알려져 있다.

이는 절(節)에서도 마찬가지다. '나는 학교에 간다'는 말도, 하나하나 글자를 분석하기보다는 글자를 보고 '내가 학교에 가는 모습'을 바로 떠올리는 편이 낫다. 그렇게 하면 문장이 의미하는, 자신이 학교에 가는 모습을 순식간에 이미지로 떠올릴 수 있다.

이를 더욱 발전시키면 패러그래프(같은 행으로 이어진 글자 덩어리)도 이미지로 포착할 수 있게 된다. 하나의 패러그래프는 하나의 메인 아이디어나 사상을 설명하는 경우가 많다. 이를 순식간에 파악하도록 노력하는 것이다.

훈련을 통해 차츰 글자에서 단어로, 단어에서 구로, 구에서 패러그래프로, 파악하는 문장을 늘려간다. 여기에 순간적으로 빨리 읽는 비결이 숨어 있다.

속독력을 높이는 두 가지 기초 훈련

버그에 따르면 속독력을 단련하는 비결은 두 종류의 트레이닝을 반복함으로써 독서 속도와 이해력을 높이는 데 있다.

이 트레이닝 중 하나는 운동 신경 트레이닝이다. 속독에 필요한 눈의 시각 신경이나 안구 운동을 통해 그 주변 근육이나 신경을 빠른 속도에 익숙해지도록 단련한다. 매일 15~30분 정도라도 좋으니, 속독을 의식하며 조금씩 계속해서 책을 읽는 것이 가장 좋은 운동 신경 트레이닝이다.

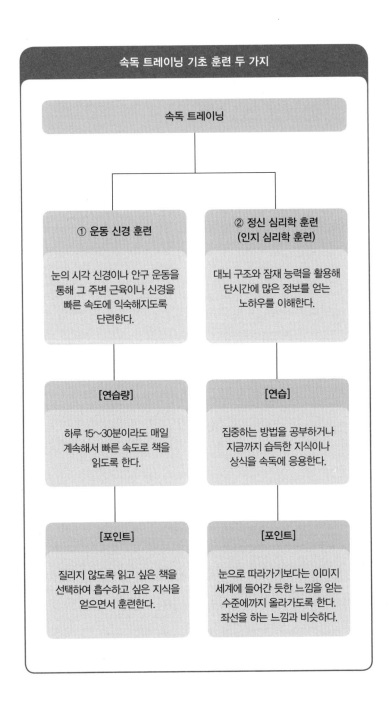

속독 트레이닝 기초 훈련 두 가지

속독 트레이닝

① 운동 신경 훈련

눈의 시각 신경이나 안구 운동을 통해 그 주변 근육이나 신경을 빠른 속도에 익숙해지도록 단련한다.

② 정신 심리학 훈련
(인지 심리학 훈련)

대뇌 구조와 잠재 능력을 활용해 단시간에 많은 정보를 얻는 노하우를 이해한다.

[연습량]

하루 15~30분이라도 매일 계속해서 빠른 속도로 책을 읽도록 한다.

[연습]

집중하는 방법을 공부하거나 지금까지 습득한 지식이나 상식을 속독에 응용한다.

[포인트]

질리지 않도록 읽고 싶은 책을 선택하여 흡수하고 싶은 지식을 얻으면서 훈련한다.

[포인트]

눈으로 따라가기보다는 이미지 세계에 들어간 듯한 느낌을 얻는 수준에까지 올라가도록 한다. 좌선을 하는 느낌과 비슷하다.

또 다른 훈련은 정신 심리학 훈련 또는 인지 심리학 훈련이다. 이는 대뇌 구조와 그 잠재 능력을 이용해 단시간에 많은 정보를 습득하는 노하우를 이해하는 훈련이다. 글자를 따라가기보다 일종의 이미지 세계에 들어간 듯한 느낌을 얻는 수준에까지 올라가도록 한다.

02

그림을 보는 것처럼 문장을 바라보라

인간의 눈은 속독하기 좋은 구조로 되어 있다

속독의 비결은 한 줄에서 여러 줄의 문장을 글자 덩어리가 아닌 그림을 본다는 마음으로 읽어나가는 데 있다.

처음에는 내용이 이해되지 않을지도 모른다. 그래도 좋으니 어쨌든 책의 한 구절을 글자가 아니라 그림이라는 마음으로 읽어야 속독력이 향상된다. 이는 나중에 설명하게 될 우뇌 이미지법을 응용한 것이다.

신문에 게재된 사진을 떠올려보자. 어떤 면이라도 상관없으니 신문에 게재된 한 장의 사진을 응시하면 그것이 작은 점의 집합이라는 사실을 알게 될 것이다.

눈은 이 면적당 점의 농도를 종합해서 판단하고 인식한다. 사진이 글자보다 크다고 해서 사진을 왼쪽 위에서부터 조금씩 보는 사람은 없다. 무의식중에 전체를 한 번에 보고 파악한다. 이를 글을 읽는 데 응용하는 것이다.

왼쪽에서 오른쪽으로 읽어나가는 책도 훈련을 하면 오른쪽에서부터 역방향으로 읽을 수 있게 된다고 한다. 눈을 통해 들어온 정보는 훈련하기에 따라서는 두뇌에서 종합적으로 조합하여 이해할 수 있게 된다.

컴퓨터 프린터를 보자. 인쇄 속도가 느린 기종은 한 줄씩 왼쪽부터 인쇄한다. 이에 비해 인쇄 속도가 빠른 기종은 몇 줄을 좌우에서 단번에 인쇄한다. 거기에 얼마나 많은 정보가 담겨 있는지, 얼마나 많은 글자꼴이 있는지는 관계없다. 프린터에는 집적회로가 장착되어 글자를 단번에 분해하고, 최종적으로 다시 통합해서 글자로 만들 수가 있기 때문이다.

인간의 두뇌는 이런 컴퓨터 프린터 안에 있는 집적회로보다도 훨씬 뛰어나다. 특히 우뇌는 더욱 그러하다.

사람은 신문에 게재된, 점들의 덩어리인 사진을 보고 순식간에 그 내용을 이해할 수 있다. 그렇다면 글자 역시 훈련을 통해 단번에 몇 줄이라도 순식간에 이해할 수 있을 것이다.

여기에 속해력을 동반한 속독의 기본이 있다. 기적처럼 보이는 속독력 역시 결코 불가능한 것은 아니다. 단, 어떤 기술을 익혔다고 해서 바로 능숙하게 쓸 수 있지는 않다. 이것은 어떤 일이라도 마찬가지일 것이다. 하나씩 하나씩 기술과 경험을 쌓고, 시간을 들이면서 즐겨야 능숙해진다. 이렇게 생각하면 초조함이 사라져 즐겁게 속독을 익힐 수 있다.

한 단어 한 단어 해석하지 말고 '아이디어'를 포착한다

구체적으로 생각해보자. '여고생 소라는 씩씩하게 학교에 간다'는 문장을 읽었다고 하자. 이때 누구나가 소라라는 여고생이 학교에 가는 모습을 떠올릴 것이다.

속독을 할 때는 한 단어 한 단어를 해석하지 말고, 예문에서 설명하자면 소라라는 여고생을 떠올려야 한다. 글자라기보다 글에 담긴 아이디어를 포착하는 것이다.

아이디어를 포착하는 데는 세 가지 레벨이 있다.

단어 그 자체가 큰 의미를 지닌 첫 번째 레벨이 있다. 인명이

한 걸음 쉬어가기

버그의 말말말 ①

세계 최강의 속독 기록을 보유한 버그는 이렇게 말한다. "사람은 많은 군중으로 혼잡한 속에서도 자신이 만날 친구를 재빨리 찾아낼 수 있는 능력이 있다. 그럼에도 책을 읽을 때에는 페이지 속에 있는 단 하나의 단어를 하나하나 확인하며 읽으려 한다."

나 지명 같은 고유명사가 그 예이다. 간접적으로 표현하는 것은 두 번째 레벨이다. 그리고 저자와 비슷한 수준의 전문 지식을 필요로 하는 세 번째 레벨이 그것이다. 속독력을 향상시키기 위해서는 나날이 많은 지식과 경험을 쌓아가는 것도 필요하다.

속독의 본질은 저자의 생각을 이해하는 것

예문 '여고생 소라는 씩씩하게 학교에 간다.'

글자를 하나하나 분석하지 말고, 여고생 소라가 등교하는 모습을 머릿속에서 순간적으로 떠올린다.

속독의 기본 파악해야 할 것은 단어가 아니라 저자가 그리고자 하는 아이디어나 의미

● 문장에 포함된 아이디어의 세 가지 레벨

레벨 1	레벨 2	레벨 3
단어 그 자체가 큰 의미를 지닌 경우	저자가 간접적으로 표현하는 경우	저자가 특정 분야의 전문적인 지식이나 경험을 말하는 경우(독자도 비슷한 수준의 전문지식을 갖고 있지 않으면 이해할 수 없다).
[예] 인명, 지명 등과 같은 고유명사 (동아시아, 소라)	[예] '얼굴이 파란 사람'	[예] 아르보바이러스, 베로 세포
↓	↓	↓
머릿속에서 바꿀 필요가 없다.	원래부터 얼굴이 파랗다는 뜻이 아니라 아프거나 기운이 없는 상태를 의미한다.	머릿속에서 바꿀 필요가 없다.

결론 속독이란 '기술'을 익혔을 뿐 아니라 '풍부한 지식'을 갖추고 있을 때 세 번째 레벨까지 도달할 수 있다.

03

속독 · 속해의 열쇠
'스키마'

문장을 빨리 심층적으로 읽기 위해 필요한 열쇠가 바로 스키마schema다. 스키마란 직역하면 '윤곽', '개요'라는 뜻이지만, 여기에서는 새로운 책을 읽기 전에 독자가 갖고 있는 지식이나 경험을 의미한다.

스키마를 많이 갖고 있는 사람일수록 글을 빨리 심층적으로 읽을 수가 있다. 왜냐하면 이 스키마라는 토대 위에 새로운 정보를 재빠르고 손쉽게 쌓아올릴 수 있기 때문이다. 다시 말해 이 스키마를 늘리면 문장을 보다 빨리 그리고 심층적으로 이해할 수 있게 된다.

문장의 이해도에는 3단계의 레벨이 있다. 그리고 그 이해의 정도는 스키마와 깊은 관련이 있다.

"1492년에 크리스토퍼 콜럼버스는 미 대륙을 발견했다."

이런 문장이 있을 때, 현실의 제1단계 이해 레벨을 시험하는 질문은 "미 대륙을 발견한 사람은 누구입니까?"이다. 문장에 해답이 그대로 적혀 있기 때문에 누구나 크리스토퍼 콜럼버스라고 대답할 수 있다.

제2단계 이해 레벨을 시험하는 질문은 "콜럼버스는 무엇을 타고 미 대륙을 발견했습니까?"이다. 문장 속에는 직접 설명되어 있지 않지만, 일반적인 독자라면 지금까지 본 영화나 텔레비전에서 얻은 정보 등을 통해 콜럼버스가 살아 있을 당시에는 비행기가 없었으니 배를 타고 갔다고 생각할 것이다. 그래서 "배로"라고 대답할 것이다. 이 레벨에서는 어느 정도의 예비지식이 있으면 이해하는 것은 비교적 간단하다.

제3단계 이해 레벨은 "콜럼버스는 왜 미 대륙에 가고자 했습니까?"라는 질문으로 판가름된다. 이는 당시 세계의 역사적 배경을 모르면 대답할 수 없다. 당시 중국이나 일본과 교역을 하기

버그의 말말말 ②

"어째서 한순간에 풍경이나 분위기를 파악하는 것과 마찬가지로 책을 읽을 수 없는 것일까. 책을 한 자 한 자 읽는 방법에서, 일상적으로 주변 풍경을 보거나 사람의 얼굴을 한순간에 확인하는 것과 같은 방법으로 바꾸기만하면 되는데 말이다."

위해서는 중근동中近東을 거쳐 실크로드에 이르는 멀고 험난한 육로를 지나지 않으면 안 되었다. 그래서 지구를 거꾸로 돌아 배로 가고자 했던 것이다. 다시 말해 안전한 교역 루트를 만들기 위해서였다는 지식이 뒷받침되어야 질문에 답할 수 있다.

이처럼 같은 문장이라도 읽는 사람이 지금까지 축적해온 지식의 양, 즉 스키마에 따라 이해 정도를 세 단계로 나눌 수 있다. 그리고 지금까지 쌓은 지식이 깊으면 깊을수록 짧은 문장 속에서도 깊은 이해 레벨에 도달할 수 있다. 그것도 단시간 안에 말이다.

스키마는 속독과 속해의 토대가 되며, 독서나 학습을 통해 얻을 수 있다. 호기심이나 경험, 독서에 의한 지식의 집적이 독서를 더욱 심층적이고 빠르게 만든다.

속독과 속해의 토대가 되는 스키마

예문	"1492년에 크리스토퍼 콜럼버스는 미 대륙을 발견했다."

현실의 제1단계 이해 레벨	현실의 제2단계 이해 레벨	현실의 제3단계 이해 레벨
Q "미 대륙을 발견한 사람은 누구인가?" **A** "크리스토퍼 콜럼버스."	**Q** "콜럼버스는 무엇을 타고 미 대륙을 발견했는가?" **A** "배를 타고 항해를 해서 발견했다."	**Q** "콜럼버스는 어째서 미 대륙으로 가고자 했는가?" **A** "원래는 교역을 하기 위해 배를 타고 지구를 거꾸로 돌아서 중국이나 일본 등 동방에 있는 나라들로 가고자 했다."
↓	↓	↓
해답은 문장 속에 있다.	문장 속에 답은 없지만, 어느 정도의 예비지식이 있으면 알 수 있다.	당시의 세계 역사를 자세히 알지 못하면 대답을 끌어낼 수가 없다.

스키마 스키마를 이용해 빠르면서도 심층적으로 문장을 이해할 수 있도록 도전해간다.

04
'스키마법'으로
하나를 통해 열을 간파하는 비법

아이들은 학교에서 글자를 한 자씩 읽도록 배운다. 어른이 되면 말이나 단어의 의미를 파악하려고 한다. 하지만 속독을 할 줄 아는 사람은 문장이나 패러그래프의 의미에 초점을 맞춘다. 이것이 독서의 초급, 중급, 고급의 차이다. 보다 쉽게 고급수준으로 높이려면 스키마법을 활용해야 한다.

스키마란 지금까지 자신이 축적해온 경험이나 지식을 의미한다. 이를 응용한 독서법이 스키마법이다. 일본의 저널리스트 오야 소이치는 이런 말을 남겼다.

"책을 처음부터 끝까지 읽으라는 법은 없다. 내 정도의 나이가 되면 책 내용 중 90퍼센트는 이미 아는 것이다. 원래 책이란 선인의 업적 위에 새롭게 발견한 재료를 얹어, 새로운 발상으로 재조립되는 것이다. 그러므로 재료와 발상이 새로운 부분만 읽으면 그만이다."

스키마법을 활용하면 가령 다음과 같이 어떤 이가 쓴 금전 출납장의 몇 줄만 보고도 깊이 있는 정보를 많이 얻어낼 수 있게 된다.

11월 2일 오피스 프로그램 구입 50만 원

11월 6일 정장 구입 100만 원

12월 5일 자동차 구입 8,000만 원

이 금전 출납장에서 당신은 무엇을 추측할 수 있을까.

만약 당신이 컴퓨터나 자동차에 관한 스키마를 갖고 있다면 이 금전 출납장의 주인이 어떤 인물인지를 대략 예상할 수 있을 것이다.

예를 들어보면 오피스 프로그램은 컴퓨터에서 각종 문서정리

한 걸음 쉬어가기

속독에 숙달될 때의 의식 변화

버그는 속독이 숙달되면 명상할 때와 비슷한 의식의 변화를 느끼게 된다고 한다. 책을 읽는다기보다도 차원이 다른 일종의 이미지 세계에 있는 듯한 상쾌한 느낌으로 둘러싸인다고 버그는 말한다. 마치 책을 쓴 저자와 대화를 나누고, 저서의 내용에 대해 토론하며, 다른 세계를 여행하는 듯한 기분이 든다는 것이다.

와 프레젠테이션 발표 등에 유용하다. 이를 통해 이 인물은 컴퓨터 프로그램을 능숙하게 다루는 사람이거나, 최소한 잘 다뤄야 할 입장에 있는 사람이라는 것을 알 수 있다. 정장도 마찬가지다. 정장을 입을 일이 자주 있으니 대외적으로 활발하게 활동하는 비즈니스맨이라고 생각해볼 수도 있다.

여기에 자동차 구입으로 8,000만 원을 사용했다는 부분이 있다. 고급차를 구입했다는 사실을 통해 이 금전 출납장의 주인공이 부유하고 활동적인 인물이라고 상상할 수 있다.

이와 같이 스키마법을 구사하면 불과 3줄 정도의 무미건조한 출납 기록에서도 당사자의 성격이나 생활 모습 등을 그릴 수 있게 된다. 다시 말해 스키마를 축적해가면 단시간에 속독하여, 하나를 읽고 열을 깨닫는 심층적인 독서를 할 수 있게 된다.

A 씨의 금전 출납장

11월 2일 오피스 프로그램 구입 50만 원
11월 6일 정장 구입 100만 원
12월 5일 자동차 구입 8,000만 원

컴퓨터나 자동차의 스키마를 순간적으로 활용한다.

컴퓨터를 잘 다뤄야 하는 일을 한다.

대외적으로 활발하게 활동하는 인물이다.

8,000만 원짜리 고급차를 구입할 수 있으므로 A씨는 부유한 데다 행동파다.

순간적으로 정보를 얻는다

↓

판단해서 유추한다

↓

자신에게 응용

미국의 대표적인 속독 기술
'스키밍법'

실전적이고 효과적인 속독법 중에 '스키밍법'이라 불리는 기술이 있다.

지금까지 개발된 각종 속독 기술은 저마다 특징이 있다. 따라서 속독 능력을 향상시키기 위해서는 여러 속독 기술을 익히고, 이를 상황에 맞게 선택해서 쓸 수 있어야 한다. 글의 방향성이나 형식 등에 따라 적당하거나 맞지 않는 속독 기술이 있으며, 사람마다 자신에게 딱 맞는 속독 기술은 모두 다르기 때문이다. 스키밍법은 이런 여러 속독법 중 하나로, 미국 직장인들이 사용하는 대표적인 속독 기술이다.

스키밍이란 말은 우유 위의 막을 걷어낸다는 의미의 영단어 스킴skim에서 유래했다. 마치 갈매기가 바다 위의 먹이를 쪼아 먹기 위해 해면을 스치며 날아다니는 것처럼 페이지의 표면을 읽는 방법이다. 다시 말해 전체적으로 살핀 다음 자신에게 중요하다고 생각되는 부분을 골라 숙독하는 방법이다.

흔히 스키밍은 통독이나 발췌독과 같다고 생각하기 쉽지만, 사실 이것들과는 명백히 다르다. 다음 에피소드를 읽으면 쉽게 이해가 갈 것이다.

미국 대통령 관저에서 엘리트 스태프들에게 속독법을 가르친 독서 컨설턴트 피터 컴프가 강의 중에 이런 질문을 받았다.

"스키밍이란 통독이나 발췌독이란 의미로, 읽지 않아도 되는 곳은 건너뛴다는 것이지요?"

컴프는 다음과 같이 대답했다.

"반은 맞았지만, 반은 틀렸습니다. 읽어야 하는지, 읽지 않아도 되는지를 결정해야 하는데 이를 건너뛰어버리면 어떻게 판단할 수 있을까요?"

그러자 질문한 학생은 아무 대답도 하지 못했다고 한다.

한 걸음 쉬어가기

사이토식 속독법이 탄생하기까지 ①

사회인이 되고 나니 일에 쫓겨 책 읽을 시간을 낼 수 없었다. 나는 위기감을 느껴 속독 학교에 다녔지만, 배운 내용은 만족스럽지 못했다. 내가 배운 테크닉은 우뇌식 속독법이 중심으로 훈련을 통해 단순히 책 읽는 속도만을 올릴 뿐이었다. 이 기술은 눈의 기능을 훈련하고 좋아하지도 않는 책을 그저 얼마나 많이 읽었는지 경쟁하게만 만들었다.

이 에피소드가 의미하는 것처럼 스키밍법은 통독, 발췌독과는 달리 전체를 살피면서 자신에게 중요한 말이나 정보를 파악해간다. 따라서 스키밍을 할 때는 전체를 살피고 글을 개략적으로 파악하도록 한다.

자세한 것은 뒤에서 설명하겠지만, 이는 마치 갈매기가 살아가기 위해서 무엇이 먹이고 쓰레기인지를 정확하게 판별하는 것과 같다. 마찬가지로 스키밍법을 사용하면 자신에게 중요한 말이나 구절인지, 그렇지 않으면 중요하지 않는지를 판단할 수 있게 된다. 여기에 순간적으로 빨리 읽기 위한 중요한 노하우가 숨겨져 있다.

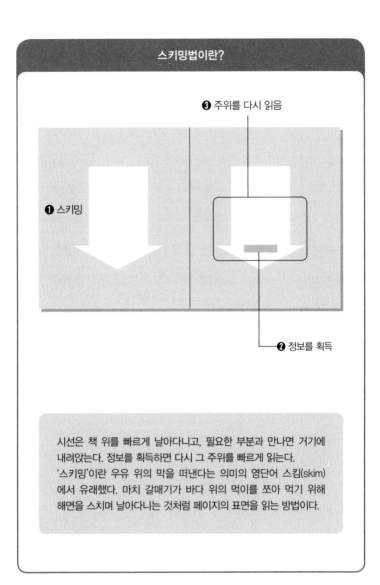

스키밍법이란?

❸ 주위를 다시 읽음

❶ 스키밍

❷ 정보를 획득

시선은 책 위를 빠르게 날아다니고, 필요한 부분과 만나면 거기에 내려앉는다. 정보를 획득하면 다시 그 주위를 빠르게 읽는다. '스키밍'이란 우유 위의 막을 떠낸다는 의미의 영단어 스킴(skim)에서 유래했다. 마치 갈매기가 바다 위의 먹이를 쪼아 먹기 위해 해면을 스치며 날아다니는 것처럼 페이지의 표면을 읽는 방법이다.

06

음독 · 묵독 · 시독을
가려 쓰라

이해력과 기억력을 향상시킨다

발음하여 읽는 것도 책을 읽는 행위에서 큰 비중을 차지한다. 속독력을 향상시키기 위해 이 발음과 독서법의 상관성을 파악해 두는 것이 중요하다.

음독이란 소리를 내서 문장을 낭독하거나 읽는 것이다. 이에 비해 묵독은 확실하게 소리를 내지는 않지만 텍스트에 있는 글자를 하나하나, 입 안에서 중얼거리며 소리를 내는 독서법이다. 성대를 움직이면서 발음하는 경우도 있는가 하면 성대를 움직이지는 않지만 마음속에서 그대로 발음하는 경우도 있어 발성하고 있는가 아닌가는 판별하기 어렵다.

학교 교육은 낭독하고 의미를 정확하게 이해해야 한다는 교육 방침으로 구성되어 있다. 그 영향으로 문장을 일일이 소리 내서 읽든지 자신만 알 수 있도록 묵독하는 등 문장의 단어를 음성화하는 사람이 많다.

음독이나 묵독 모두 텍스트를 구성하는 글자를 하나하나 음성으로 만들기 때문에 전문가가 아무리 빨리 읽더라도 분당 700~800자의 벽을 깨기란 매우 어렵다. 여기서 음독이나 묵독 대신 빠른 속도로 읽어나갈 수 있는 방법으로 시독이라는 개념이 탄생하였다. 시독은 문장을 음성화하지 않는 대신 우뇌의 이미지로 문장 전체를 파악하는 방법으로, 한국에서 개발된 우뇌 속독법을 그 원류로 한다.

속도만 놓고 본다면 시독은 가장 빠른 독서법이다. 하지만 시독에만 의존하는 속독법은 권하고 싶지 않다. 우뇌의 이미지를 활용한 방법과 좌뇌의 논리를 활용한 방법을 함께 쓰는 것이 좋다. 입 안에서 소리 내며 읽으면 시각적 정보와 함께 청각적 정

한 걸음 쉬어가기

사이토식 속독법이 탄생하기까지 ②

속도만을 추구하는 속독 학교에서는 언제나 따분한 훈련만 반복했다. 게다가 훈련을 게을리 하면 속도가 떨어지기 시작한다. 타이핑 훈련처럼 눈 근육을 움직이기만 하는 기계적인 훈련이기 때문이다. 또 이런 방법으로는 필요로 하는 지식을 얻지 못한다. 그래서 나는 내 마음이 흡족해지는 속독법을 개발하기로 결심했다.

보가 뇌로 입력된다. 때문에 시각적 정보만 입력되는 경우보다 이해력이나 기억력 측면에서 우수하다.

물론 속독은 시독을 중심으로 하지만, 책을 읽다가 기억할 필요가 있는 중요한 부분과 마주치면 키워드나 스키마적인 요점을 마음속으로 소리 내서 읽거나, 소리를 내지는 않더라도 조금 시간을 들여 내용을 정리하는 것도 도움이 된다. 이런 방법을 통해 책을 읽는 속도를 올리면서 이해력과 기억력을 심화시킬 수 있다.

다시 말해 음독, 묵독, 시독을 능란하게 다루는 것이 속독 · 속해와 함께 오랫동안 내용을 기억할 수 있는 독서법을 마스터하는 비결인 것이다.

시독을 할 때는 시점의 움직임을 일정하게 유지한다

시독을 많이 하는데도 읽는 속도가 빨라지지 않는 사람은 시점을 일정한 방향으로 자연스럽게 움직이도록 신경 쓰기 바란다. 책 읽는 속도를 낮추는 눈의 움직임은 주로 다음과 같다.

① 시점이 되돌아온다. → 모든 단어를 정확하게 읽고 이해할 필요는 없다고 생각, 앞으로 나아가도록 한다.

② 시점이 너무 앞으로 건너뛴다. → 이상하거나 생각하지 못한 단어를 만났을 때 나타나기 쉽다. 이 책에서 소개하는 스키밍법을 사용해 보다 빨리 개요를 파악해두면 해소할 수 있다.

속도가 빨라지지 않고, 이해도가 오르지 않는 이유

❶ 시점이 되돌아온다.

[원인과 대책]

- 모든 글자를 하나하나 정확하게 읽고 이해할 필요는 없다.
- 어려운 단어와 마주치더라도 신경 쓰지 말고 착착 읽어나간다.
- 내용 이해에 필요한 단어라면 그 부분을 연필로 표시해두고, 필요하다면 나중에 조사한다.

❷ 시점이 너무 앞으로 건너뛴다.

[원인과 대책]

- 내용이 이상하게 느껴지거나 뜻밖의 단어가 잇달아 나타나는 것이 원인이다.
- 다시 한번 개요를 파악, 예기하지 못했던 전개에도 확실하고 자연스럽게 대응할 수 있도록 한다.

❸ 시점이 책을 벗어나 곁눈질한다.

[원인과 대책]

- 읽고 싶지 않은 책은 건너뛰고, 가능한 한 자신이 읽고 싶은 책으로 바꿔 훈련한다.
- 집중력이 떨어진 경우에는 책에 전력으로 집중할 수 있는 정신 상태를 만드는 방법을 익힌다.

③ 시점이 책을 벗어나 곁눈질을 한다. → 읽고 싶지 않은 책을 읽고 있거나 집중력이 떨어졌을 때 생긴다. 읽고 싶지 않은 책은 읽지 않도록 하고, 집중력이 떨어진 경우에는 호흡법 등 집중력을 키우는 트레이닝을 반복하면 해소할 수 있다.

07
'부정어', '조건어'가 나오면
의식적으로 속도를 낮추라

빠른 속도로 책을 읽어나가다 보면 난해한 단어가 적힌 것도 아닌데 문장 흐름을 이해하는 것이 어렵게 느껴질 때가 있다. 그런 때는 문장 구성에 원인이 있는 경우가 많다. 단 몇 개의 단어로 인해 문장의 의미가 완전히 달라지거나 정반대가 되는 경우가 종종 발생한다.

속독을 하다가 이런 것을 놓치면 내용을 이해하는 데 문제가 생긴다. 이는 부정어 "~가 아니다"나 조건어 "만약 ~이라면"이 쓰인 문장에서 자주 발생한다.

시독만 사용하는 독서법을 권하지 않는 것도 이런 상황에서 실수를 저지르기 쉽기 때문이다. 부정어나 조건어가 등장하면 책 읽는 속도를 낮추고, 그것이 주변 문장에 미치는 영향을 순간적으로 생각, 이해한 다음에 다음 단락을 읽어라. 그러면 속독을 하면서도 내용을 정확하게 이해할 수 있다.

부정어나 조건어 등 말의 신호는 책의 여기저기에 숨어 있다. 이런 신호를 만나면 신호기의 사인이라고 생각하는 것이 좋다. 익숙하지 않은 단계에서는 귀찮게 느껴질지도 모른다. 하지만 익숙해지면 차츰 신호가 보이면서 재빠르고 적확하게 대응할 수 있게끔 된다.

문장의 '주의 신호'를 놓치지 않는다

❶ 부정어

[예문]

- "당신은 무료로 세계 일주 여행을 할 수 있습니다."
- "당신은 무료로 세계 일주 여행을 할 수 없습니다."

문장 끝에서 "있습니다"가 "없습니다"로 달라지는 것만으로 의미가 정반대가 되어 버린다. 우리말의 경우에는 마지막에 가서야 긍정인지 부정인지를 알 수 있기 때문에 놓치기 쉽다. 부정어의 경우에는 "~가 아니다"라는 몇 글자만으로 문장 전체의 의미가 반대가 되어버린다. 이를 놓치면 저자가 전하고자 하는 바를 정반대로 잘못 이해하게 된다.

❷ 조건어

[예문]

- "당신은 100만 원을 손에 넣을 수 있습니다."
- "당신은 100만 원을 손에 넣을 수 있습니다. 만약 당신이 150세 이상이라면 말입니다."

조건어가 붙음으로써 '당신'이 100만 원을 손에 넣을 가능성이 사실상 사라졌음을 알 수 있다. 조건어의 유무로 앞 문장은 긍정적인 의미로도 부정적인 의미로도 변할 수 있다. 이렇게 '만약'이라는 신호가 나타나면 주의 신호라고 생각하고 책 읽는 속도를 낮추도록 한다.

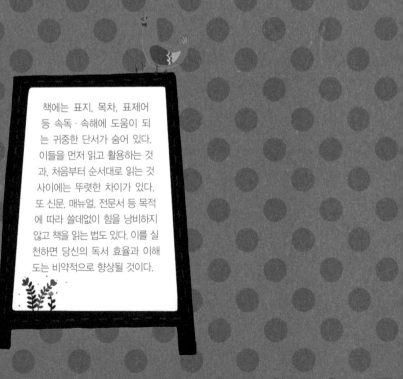

책에는 표지, 목차, 표제어
등 속독·속해에 도움이 되
는 귀중한 단서가 숨어 있다.
이들을 먼저 읽고 활용하는 것
과, 처음부터 순서대로 읽는 것
사이에는 뚜렷한 차이가 있다.
또 신문, 매뉴얼, 전문서 등 목적
에 따라 쓸데없이 힘을 낭비하지
않고 책을 읽는 법도 있다. 이를 실
천하면 당신의 독서 효율과 이해
도는 비약적으로 향상될 것이다.

chapter 2

모든 책의 내용을
순식간에 파악하는
독서 포인트

01
뇌가 점점 활발해지는
5W 속독법

버그는 1분 동안에 2만 5,000단어를 이해하면서 속독했다고 한다. 기네스북은 세계 제일을 인정하는 가장 권위 있는 책이므로, 책 읽는 속도 및 이해도에 관해 엄밀하게 심사했을 것이다.

그럼에도 뇌 과학자 중에는 인간의 눈과 뇌가 1분 동안에 2만 5,000개의 영단어를 각각 식별해서 읽는 것은 불가능하다고 주장하는 사람도 있다. 장본인인 버그 자신도 이와 같은 뇌 과학자의 주장을 인정하고 있다는 점이 흥미롭다.

하지만 버그가 그 속도로 책을 읽었다는 것은 사실이다. 이는 버그가 이해력을 유지하면서 책 읽는 속도를 높이기 위해 다양한 방법을 도입한 덕분이다. 이런 버그의 비결을 배움으로써 우리도 책 읽는 속도를 큰 폭으로 향상시킬 수 있다. 누구나 따라할 수 있는 방법이기 때문이다.

그의 비결 중 하나는 문장 속에서 중요한 열쇠가 되는 요소를 찾아낸 다음 여기에 초점을 맞춰 읽는 것이다.

이를 위해서는 문장 속 동사와 명사에 주목할 필요가 있다. 다시 말해 글을 구성하는 5W에 주목하는 것이다. 5W란 누가who, 언제when, 어디서where, 무엇을what, 왜why 등 다섯 가지 원칙으로, 이를 확실하게 파악하면 문장의 기본을 이해할 수 있다. 문장 속에서 이 5W에 해당하는 단어만을 추출해 재결합시키면 속독력이 큰 폭으로 향상된다.

가령 5W가 뿔뿔이 흩어져 있는 패러그래프에서도 뇌는 5W를 추출, 재결합시켜 의미 있는 말로 만드는 능력을 갖고 있다.

간단한 실험을 해보자. 다음 두 문장 속 괄호에 들어갈 적당한 말을 ①~②에서 선택하길 바란다.

(1) 야구 투수는 (　　)을 포수의 글러브를 향해 던진다.
　① 프라이팬　　　　　　　② 공

(2) 씨름 선수는 씨름판에 오르기 전에 (　　)를 맨다.
　① 샅바　　　　　　　　　② 라디오

이는 뇌의 통합력을 테스트하는 '클로즈'라는 질문 형식이다. 위의 문제는 쉽게 풀 수 있을 것이다. 주위에 있는 말을 통해 빠진 말을 보충하는 문제다.

뇌는 빠진 말을 보충, 의미 있는 문장으로 통합하는 능력이 있다. 1분 동안 2만 5,000단어를 하나하나 식별하면서 읽지 않아도 문장을 통합해서 이해하는 능력이 있다는 것을 이 사실은 증명한다. 그러므로 너무 개개의 낱말에 얽매일 필요는 없다.

한 걸음 쉬어가기

책을 읽는 속도가 눈에 띄게 향상된다 ①

카터 전 대통령은 방대한 자료를 집으로 가져가면서까지 읽지 않으면 안되었기 때문에 대통령에 취임한 뒤 속독법을 배우기 시작했다. 회고록에 따르면 각의실에서 수업을 받고 실천해보니 두 번의 수업으로 읽는 속도는 2배로 빨라졌고, 나중에는 4배가 되었다고 한다.

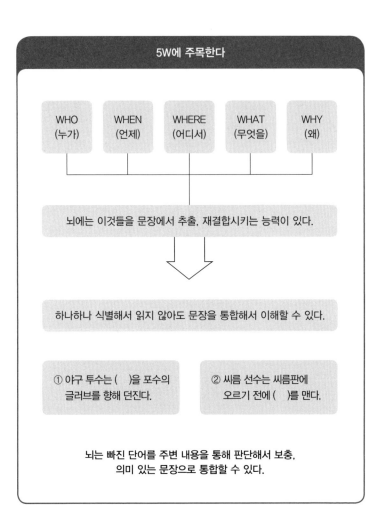

5W에 주목한다

| WHO (누가) | WHEN (언제) | WHERE (어디서) | WHAT (무엇을) | WHY (왜) |

뇌에는 이것들을 문장에서 추출, 재결합시키는 능력이 있다.

하나하나 식별해서 읽지 않아도 문장을 통합해서 이해할 수 있다.

① 야구 투수는 (　)을 포수의 글러브를 향해 던진다.

② 씨름 선수는 씨름판에 오르기 전에 (　)를 맨다.

뇌는 빠진 단어를 주변 내용을 통해 판단해서 보충,
의미 있는 문장으로 통합할 수 있다.

02
뇌의 활력을
되살리는 비결

책을 정확하게 이해하고, 적확하게 읽기 위해서는 읽으려는 책의 구조를 이해하는 것이 중요하다.

많은 사람들이 그리 중요하다고 생각하지 않는 부분에 속독에 필요한 정보가 담겨 있다는 사실을 기억하라. 게다가 이 방법은 정보를 손에 넣는 데 그리 긴 시간이 필요하지 않다. 10분만 있으면 손에 든 책의 스키마요점와 아우트라인개요을 재빨리 파악할 수 있는 것이다.

우선 표지에 주목하자. 여기에는 제목이 적혀 있는데, 이는 한 권의 책에 담긴 전체적인 내용을 가장 응축된 단어로 표현한 것이다. 또 제목을 보충하는 부제나 캐치프레이즈, 요점 등이 함께 적혀 있는 경우가 많다. 따라서 앞표지나 뒤표지, 띠지를 살피는 것만으로도 그 책의 요점을 알 수 있다.

다음으로 머리말이나 후기도 중요한 요소다. 머리말에서는 저자가 책을 쓴 목적, 이 책에서 무엇을 소개하고자 하는지를 알 수 있다. 다시 말해 그 책의 스키마가 적혀 있는 경우가 많은 것이다. 후기에서는 통상적으로 책을 쓴 경위나 더욱 자세한 정보를 얻기 위한 방법 등을 알 수 있다.

덧붙여 앞표지 날개 부분에 저자의 약력이 기입된 책이 많다는 사실에도 주목하자. 자세한 것은 나중에 설명하겠지만, 저자의 경력에는 저자가 그 책을 쓴 배경 등이 적혀 있기 때문에 도움이 된다.

나아가 차례에도 주목하길 바란다. 차례는 그 책의 전체적인 구성이나 아웃트라인이 실려 있다. 차례에 실린 각각의 장이나 절의 타이틀은 그 장이나 절을 응축, 대표하는 말이기 때문에 이 차례를 보는 것만으로도 책 전체의 구성이나 요점을 이해할 수 있다.

여기까지 설명했으면 알 것이다. 앞표지, 뒤표지, 저자 약력,

한 걸음 쉬어가기

책을 읽는 속도가 눈에 띄게 향상된다 ②

카터 전 대통령뿐 아니라 미국의 대불황시대를 지휘, 훌륭하게 경제를 재건한 F. 루스벨트 대통령도 속독법을 익혔다. 루스벨트는 이 능력을 살려, 아침식사 전에 매일 한 권의 책을 속독으로 독파했다고 한다.

- 표지, 띠지
- 도표 · 그래프
- 표제어와 그 주변
- 차례
- 요약
- 머리말

이들 포인트를 파악하면 불과 10분 만에
책의 개요와 요점을 파악할 수 있다

머리말, 후기, 차례를 가볍게 살펴보는 것만으로도 스키마나 아웃트라인을 파악할 수 있고, 어디를 공략하면(중점적으로 읽으면) 좋을지, 집어 든 책을 어떻게 읽을지에 대한 방침을 명확하게 세울 수 있다.

물론 스키마를 알게 될 뿐 책의 상세한 내용까지는 알지 못하지만, 이것만으로도 나중에 읽는 속도에서 큰 차이가 생긴다.

또 일반적으로 책의 제1장에는 머리말을 답습하여 그 책의 목적이나 초점, 이후의 전개 등에 대한 스키마가 응축되어 있다. 마찬가지로 마지막 장 혹은 마지막 절은 후기를 더욱 자세하게 풀어 쓴 듯한 내용으로 채워진다. 다시 말해 그 책의 요약 혹은 전체적인 결말, 더욱 많은 정보를 얻을 수 있는 방법, 앞으로의 예정 등을 시사하는 내용으로 채워지는 경향이 강하다.

이 경향은 하나의 장이나 절 속에서도 마찬가지다. 장이나 절의 맨 처음 패러그래프에는 그 장이나 절의 목적이나 저자가 쓰고 싶은 것, 다시 말해 스키마가 적혀 있다. 또 장이나 절 맨 마지막 패러그래프에는 보통 해당되는 장이나 절을 요약하는 내용이 들어 있다.

이런 사실을 의식해서 읽으면 책 전체의 스키마나 흐름을 재빨리 이해할 수 있게 될 것이다. 덕분에 이후에 책을 읽는 속도가 빨라진다. 게다가 생략할 수 있는 부분을 건너뛰거나 필요도에 따라 페이지별로 책 읽는 속도를 조절할 수 있고, 중점적으로 읽을 부분을 파악해서 집중적으로 읽을 수도 있다.

03

속도별로 세 번 읽는
3단 로켓식 독서법

전문서라도 손쉽게 속독할 수 있는 기본적인 방법 중에 '3단 로켓식 독서법'이 있다. 책을 읽을 때에는 3단계로 읽고, 내용에 따라 투자하는 시간이나 비중을 조정하는 것이다.

표준적인 3단계법은 다음과 같다.

제1단계는 '초 스피드 레벨'이다. 이 단계에서는 홀홀 페이지를 넘기면서 한 페이지당 평균 2초에서 5초 동안 스키밍하며 읽어나간다. 스피드 속독 단계다. 일반적인 저작물이라면 10분 정도에 독파한다는 생각으로 읽어나가길 바란다.

이 제1단계에서는 마주치는 단어를 일일이 이해할 필요는 없다. 이 단계에서 모든 단어나 그 의미를 이해하고 파악하지 않으면 안 된다고 조급해하면 불안감이 들게 된다. 그렇게 되면 이 단계에서는 아직 필요 없는 정보까지도 읽으려고 하기 때문에 쓸데없이 더 많은 수고를 하게 되고 한 권의 책을 다 읽는 데 많은 시간이 걸려버린다.

이를 막기 위해 이미 소개한 스키밍을 이용해 약 10분 동안 읽는 것이다. 앞에서 설명한 표지 정보, 차례, 머리말, 후기, 표제어, 판권, 도표, 키워드를 중심으로 그 책의 중요한 스키마나 성질, 나아가 책 속에서 소개하고 있는 정보의 분포나 흐름을 파악한다. 그리고 다음 단계에서 읽고 싶은 중요한 부분은 해당 페이지의 여백에 표시를 해둔다.

다음의 제2단계는 '이해 레벨'의 독서다. 앞의 제1단계에서 책의 흐름이나 정보의 소재를 파악했기 때문에 제2단계는 상당히 읽기가 쉽다. 제1단계에서 마킹한 중요 부분이나 필요하다고 여겨지는 부분을 내용을 이해할 수 있는 속도로 읽는다. 이렇게 하면 한 권의 책 속에서 상당 부분을 생략하든지 아주 빠른 속도로 읽을 수 있다. 생략하거나 아주 빠른 속도로 읽는 부분이란 지금의 자신에게는 불필요한 부분이든지 아니면 이미 알고 있어서 중요하지 않은 부분이다.

다시 말해 제2단계에서는 제1단계에서 페이지의 여백에 표시해둔 부분, 즉 잘 음미해서 이해하고, 기억해야 할 중요 부분을 최우선으로 간주한다. 그리고 제2단계에서도 이해할 수 없었지만 이해할 필요가 있는 부분을 그 다음으로 생각, 이 두 부분을 표시해간다.

제3단계는 '학습 레벨'이다. 이 단계에서는 제2단계에서 표시한 곳을 제2단계보다도 더욱 천천히 음미하면서 머릿속에 입력한다.

이 3단계법을 취하면 시간이 너무 많이 허비되는 것이 아니냐고 생각하기 쉽지만, 제1단계와 제2단계에서 그 책의 스키마나 흐름을 파악하기 때문에 제3단계에서는 이해 · 기억 · 학습이 용이해지며, 생각 이상으로 독서 시간을 단축할 수 있다. 게다가 내용을 심층적으로 이해할 수 있다.

또 책 내용에 따라서는 제1단계 또는 제2단계에서 끝내도 상관없거나 제3단계를 큰 폭으로 생략할 수도 있기 때문에 결과적으로는 단시간에 상당히 농밀하고 알찬 독서를 할 수 있다.

이처럼 제1단계에서 전체를 훑어보고, 제2단계에서 전체를 이해, 제3단계에서 가장 중요한 부분을 학습하고 기억하는 것이 3단 로켓식 독서법의 개요다. 이 독서법을 사용하면 텍스트를 맨 처음부터 맨 끝까지 모두 파악하려는 독서법보다 훨씬 빨리, 심

3단 로켓식 독서법이란?

제1단계에서 전체를 훑어보고, 제2단계에서 전체를 이해, 제3단계에서 가장 중요한 부분을 학습·기억한다.

〈제3단계〉 학습 레벨

• 제2단계에서 표시했던 부분을 제2단계보다도 더욱 천천히 음미한다.
• 제1, 2단계에서 책의 스키마나 흐름을 파악했기 때문에 제3단계에서는 이해·기억·학습이 용이해지며, 책 읽는 시간을 큰 폭으로 단축할 수 있고, 동시에 내용을 심층적으로 이해할 수 있다.

↑

〈제2단계〉 이해 레벨

• 제1단계에서 표시한 중요 부분을 이해할 수 있는 속도로 읽는다.
• 불필요한 부분이나 이미 알고 있는 정보가 적힌 부분은 생략하든지 아주 빠른 속도로 읽는다.

↑

〈제1단계〉 초 스피드 레벨

• 한 페이지당 2~5초 정도로 스키밍하여 10분 안에 한 권을 다 읽는다.
• 이 단계에서는 모든 의미를 이해할 필요는 없다.
• 표지, 머리말, 표제어 등과 함께 키워드를 중점적으로 읽고, 중요한 스키마와 정보의 분포나 흐름을 파악한다.
• 중요한 부분에는 페이지 여백에 표시해둔다.

충적으로, 게다가 폭넓은 독서를 할 수 있다. 폭넓다는 의미는 단시간에 책을 읽을 수 있기 때문에 일반적인 독서를 할 때보다 훨씬 많은 책을 읽을 수 있다는 의미다.

이 방법을 표준으로 삼고, 책의 내용이나 독서 목적에 따라 방법을 다소 변화시켜간다.

04

표지, 표지 주변에서 핵심의 실마리 얻기

책의 구조를 이용해 책 읽는 속도를 높이는 더욱 구체적인 속독법을 소개하도록 하겠다.

우선은 표지 주변에 있는 정보가 매우 중요하다는 사실을 기억하자. 표지 주변에는 책 제목 외에도 유익한 정보가 의외로 많이 있다.

우선 흔히 앞표지의 날개나 판권 등에 삽입되는 저자 약력란에 주목하길 바란다. 저자 약력란에는 저자의 경험이나 자격 사항 등이 적혀 있다. 이러한 정보를 저자가 그 책을 유익하게 잘 쓸 수 있는 사람인지 어떤지를 판단하는 데이터로 활용하는 것이다.

가령 저자가 어떤 건강식품 회사에 소속되어 있는 경우, 건강식품에 관해 그 회사에게 유리한 정보만을 제공할 가능성이 있다는 것을 염두에 두어야 한다.

때로는 띠지 등에 제3자의 평론이나 추천사가 게재되는 경우도 있다. 다른 사람들이 봤을 때 어느 정도 가치가 있는 핵심 내용을 적을 때도 있으므로 띠지도 잊지 말고 확인하는 것이 좋다. 특히 추천인이 자신이 지지하는 저명인사인 경우에는, 그것만으로 읽을 가치가 있는 책인지 어떤지를 판가름할 수 있다.

단, 추천사는 책의 판매에 많은 영향을 미치기 때문에 책을 팔기 위한 도구로 활용되는 경우가 많은 것도 사실이다. 때로는 그 책에 유리한 정보만을 게재하는 경우도 있으므로, 이 점을 고려해서 읽을지 말지 판단하는 것이 좋다.

발행일이나 중판 횟수 등도 참고가 된다. 판권에 적힌 발행일은 책의 내용이 최신 정보인지 어떤지를 판단하는 재료가 되기 때문이다. 저자가 원고를 출판사에 건네 그것이 발행되기까지는 대체로 몇 달 이상이 걸린다. 당연히 그 책의 정보는 그 기간만

한 걸음 쉬어가기

속독의 장점 ①

지금까지의 몇 배, 몇 십 배나 되는 속도로 책을 읽는 속독은 여러 방면의 능력 개발에 도움이 된다. 속독은 집중력, 이해력, 회력력, 기억력 등을 크게 향상시킨다. 시각 중핵으로의 자극이 그 부근에 있는 영역의 활동을 활발하게 만들기 때문이다. 또 대량의 정보나 지식이 뇌로 입력되기 때문에 상상력, 기획력, 판단력도 손에 넣을 수 있다.

- **표지**
  - 제목
  - 카피
  - 출판사(시리즈 명 등)
  - 저자명

- **띠지**
  - 내용
  - 추천사

- **뒤표지**
  - 내용 상세 소개

- **판권**
  - 발행일 · 중판 횟수

큼 뒤처졌다는 점을 고려하지 않으면 안 된다. 현명한 독자라면 신문이나 잡지 등에 게재된 최신 데이터로 내용을 보강할 필요가 있다는 사실을 잊지 않을 것이다.

버그에 관한 에피소드 중에 다음과 같은 것이 있다. 속독으로 화제가 된 버그가 어떤 방송에 출연했을 때의 일이다. 방송 내용은 버그가 텔레비전 카메라 앞에서 어떤 소설을 5분 이내에 읽고 그 내용에 대한 질문에 답을 하는 형식이었다.

버그가 받은 소설은 줄거리가 단시간에 이해하기에는 상당히 복잡하고 난해했다. 그 소설에는 이름이 M으로 시작하는 등장인물이 여럿 있어, 다들 5분 안에 이 등장인물들을 구분하면서 내용을 정확하게 파악하는 것은 어렵다고 생각했다.

버그 자신도 다른 때라면 5분 안에 그 난해한 텍스트를 정확하게 파악하기는 어려웠을 것이라 말했다. 하지만 그는 5분 만에 속독에 성공했을 뿐 아니라 아나운서가 던진 내용이나 줄거리에 관한 질문에도 정확하게 대답할 수 있었다.

성공의 비밀은 리허설에 있었다. 선전용으로 사진 촬영을 하게 된 버그는 포즈를 취하기 위해 카메라 앞에 섰을 때 순간적이기는 하지만 책의 앞표지와 뒤표지를 볼 수 있었다. 앞표지와 뒤표지에서 얻은 정보를 토대로 책 내용을 유추할 단서를 얻었던 것이다. 그리고 표지를 잠깐이라도 볼 기회를 얻음으로써 자연스러운 속독과 속해를 달성할 수 있었다고 한다. 표지 정보의 중요성을 암시한 에피소드다.

05

차례로 전체적인 흐름 파악하기

책을 읽을 때 차례에는 눈길도 주지 않고 본문부터 읽어나가는 사람이 적지 않다.

하지만 속독력을 향상시키기 위해서는 차례도 상당히 중요한 부분이라고 생각해야 한다. 속독법을 숙달하는 데 있어 잊지 않고 읽어야 할 페이지로 여겨야 한다는 말이다.

차례를 어떻게 생각하면 좋을까. 차례는 도로 지도와 같은 존재라고 생각하면서 이용하면 좋다.

누구라도 낯선 곳을 운전할 때는 일반적인 지도가 아니라 도로 지도를 준비, 나름대로 사전 조사를 하게 된다. 도로 지도는 도로가 어떻게 되어 있는지를 정확하게 알려주는 것은 기본이고 레스토랑이나 휴게소 위치, 거리 이름, 신호나 고갯길 유무 등

실제로 운전을 할 때 도움이 되는 구체적인 내용이 많으면 많을수록 편리하다.

책에서 도로 지도와 같은 역할을 하는 것이 바로 차례다. 차례는 각 요소의 내용과 이치를 알려주는 귀중한 정보원이다.

때문에 차례를 읽는 속도는 통상적인 속독 속도보다 조금 느려도 상관이 없다. 조금 속도를 늦춰도 좋으니 차례에 적힌 내용을 이해하면서 확실하게 읽어나가야 한다. 이 속도를 '가장 빠른 이해 속도'보다 조금 느린 '이해 속도'라고 하자.

차례에도 어느 정도의 패턴이 있다.

예를 들어 역사책이라면 대부분의 경우에 과거에서 현재로 시간의 흐름에 따라 서술한다.

의학이나 과학 관련 책의 경우에는 보통 상세 내용이나 소분류에서 이들을 통괄하는 대분류로 서술하든지, 아니면 반대로 대분류에서 세분화한 소분류의 순서로 설명한다. 의학서는 원자, 분자 등 극소 레벨부터 세포, 조직, 기관, 몸 전체로 흘러가든지, 반대로 몸 전체에서 극소 레벨로 가는 것이 일반적이라는

한 걸음 쉬어가기

속독의 장점 ②

입력된 정보나 지식으로 인해 실력이 늘면 그다음에는 이를 토대로 삼아 실행력이나 표현력, 행동력이 생기게 된다. 스스로 적극적으로 노력해나가면 비즈니스를 비롯한 다양한 분야에서 실적을 올릴 수 있다.

차례는 도로 지도와 같은 것

차례를 보는 사람은 ➡ 목적지에 수월하게 도착한다.
차례를 보지 않는 사람은 ➡ 목적지에 좀처럼 도착하지 못한다.

〈의학 · 과학서일 경우의 차례〉

(상세 · 소분류)→(대분류)

[예]
원자 · 분자
↓
세포
↓
조직
↓
기관
↓
몸 전체

※ 반대로 (대분류)→(상세 ·
　소분류)도 있음.

〈논문 형식일 경우의 차례〉

(항목)→(작은 항목)의 반복

[예]
● 심장
・구조
・생리 작용
・기능

● 간
・구조
・생리 작용
・기능

● 신장
・구조
・생리 작용
・기능

● 췌장
・구조
・생리 작용
・기능

사실도 기억해두는 것이 좋다. 또 논문 형식을 채택, 격자 꼴로 각각의 항목에 대해 작은 항목들을 반복하는 예도 있다. 심장의 구조, 생리 작용, 기능 순으로 설명한 다음, 간에 대해서도 같은 순서로 설명해가는 방법이다.

어쨌든 차례는 도로 지도와 같은 존재며, 찾는 곳이 어디에 있는지 단시간에 가르쳐준다. 시간이 없고, 재빨리 속독할 필요가 있을 때에 바로 차례가 있는 곳을 펴서 필요한 부분만을 읽으면 단시간에 원하는 바를 손에 넣을 수 있다.

이처럼 속독을 위해 종횡무진 이용할 수 있는 것이 차례라고 할 수 있겠다.

06

머리말에서 저자의 의도 간파하기

머리말은 차례 앞에 1~2페이지 정도로 실리는 경우가 많다. 내용은 대체로 저자가 그 책을 쓰기까지의 동기나 목적을 담고 있다. 특히 이런 경향은 실용서나 연구서에서 두드러진다. 다시 말해 머리말이란 저자가 어째서 그 책을 썼는지를 주로 설명한 페이지라 할 수 있다. 독자는 저자의 동기나 목적을 정확하게 파악함으로써 그 책을 읽을지 어떨지 판단을 내릴 재료로 활용할 수 있는 것이다.

예를 들어 어떤 프로젝트에 필요한 자료를 찾을 때에는 우선 머리말을 가볍게 읽고 그 책을 활용해야 할지를 결정하는 근거자료로 이용할 수 있다.

이처럼 머리말은 책의 목적을 이해하는 재료 중 하나로 활용

머리말에서 저자의 집필 의도를 살핀다

❶ 읽어야 할 책인가 어떤가를 결정한다.
❷ 읽어야 할 부분을 결정한다.

할 수 있다. 어떤 목적에 따라 책을 찾는 경우에는 머리말을 토대로 자신의 목적과 부합하는지 판단하면 된다. 나아가 신뢰할 수 있는 내용인지 아닌지도 머리말로 어느 정도 판단할 수 있다.

머리말에서 얻은 정보를 토대로 읽어야 할 책인가 아닌가, 혹은 특정 부분만을 읽어야 하는가 어떤가를 결정해가면 된다. 집중적으로 읽을 부분의 기준을 세울 수 있어 속독 숙달에도 도움이 된다.

07

요약문을 기점으로 읽어나가기

기술계 논문 등을 비롯해 책들 중에는 앞부분에 요약이나 요지를 게재하는 경우가 있다.

이 요약이나 요지는 저자가 독자들이 가장 많이 읽기를 바라는 요점을 설명한 부분이다. 이를 읽고 이다음에 나올 본문을 읽는 데 시간을 투자할 가치가 있는지 어떨지를 판단한다. 요약을 읽고 가치가 있다고 여겨진다면 본문으로, 그다지 가치가 없다고 여겨진다면 본문을 읽지 말든지, 본문을 읽는 속도를 높여 스키밍한다. 주의해야 할 것은 표지나 머리말 등 맨 앞과 요약 사이에 있는 체크 포인트는 반드시 읽고 넘어가야 한다는 점이다.

요약이나 요지는 경우에 따라 앞부분이 아니라 본문이 끝나는 부분에 나오기도 하고, 텍스트 속에 숨어 있을 때도 있다. 숙달된 독자는 이를 찾아내 밑줄이나 특별한 표시를 해서 기억한다. 그리고 요약문이 책 혹은 장, 절을 대표하는 핵심 요약 문장인지 어떤지를 적확하게 판단한다.

핵심 요약 문장인 경우에는 이를 기점으로 다양한 논리가 전개된다. 표시한 핵심 요약 문장으로 몇 번이고 돌아가 읽고 내용을 음미한 다음 다시 본문으로 돌아가면 속해력이 향상된다.

08

포인트 ⑤

그래프나 도표에서 중요 정보 읽기

책에 도표나 그래프를 삽입하는 것은 저자가 설명하고자 하는 테마나 주장을 독자에게 일목요연하게 이해시킬 수 있도록 하기 위해서다. 강연이나 프레젠테이션 등을 보면 화자가 슬라이드에 비친 도표나 차트를 중심으로 해설하는 경우가 많은데, 이는 슬라이드가 해설을 가장 응축된 형태로 나타내기 때문이다. 애초에 인간의 뇌는 문자보다도 도형이나 차트 쪽을 순간적으로 이해하기 쉽게 되어 있다.

생물이나 지질 사진, 도표가 없는 생물학 책이나 지질학 책을 상상할 수 있을까. 도표나 차트는 그 책의 스키마를 알기 쉽도록 하는 도구라고 생각하고, 한눈에 이해할 수 있도록 신경을 쓰면 속해력과 함께 속독 실력이 좋아질 것이다.

도표나 그래프를 만나도 속도를 떨어뜨려서는 안 된다

수표를 만나면 ── ❶ 우선 대충 읽는다.

── ❷ 나중에 이해 · 분석한다.

출판사의 입장에서 보면 도표나 그래프를 삽입하는 것은 단순히 글자를 나열하는 것보다 더 많은 비용이 든다. 그럼에도 불구하고 게재하는 것은 중요한 정보이기 때문이다.

도표를 볼 때는 숫자를 읽는 것이 문제가 되기 쉽다. 숫자가 나열된 표 등은 좀처럼 읽기 어렵다. 시간을 요하는 것도 무리는 아니지만, 그렇다고 해서 책을 읽는 흐름을 끊어서는 안 된다. 중요한 숫자로 분석하는 데 시간이 걸릴 것이라고 판단되면 어떤 표시를 해두고, 문장으로 돌아간다. 그리고 필요하다면 나중에 표에 적힌 숫자를 읽으면 된다.

수표數表의 경우, 필요에 따라 대충 읽는 단계와 이해하고 분석하는 단계로 나눠 읽으면 내용을 이해하면서도 속독의 흐름을 바꾸지 않아도 된다.

09

표제어를 기점으로 리듬감 있게 속독하기

표제어를 속독·속해에 활용하는 방법도 있다. 표제어는 1,200자 정도의 글마다 붙여지는 한 줄 정도의 짧은 문장으로, 보통 고딕체나 볼드체로 되어 있다. 이 표제어는 그다음에 이어지는 글 전체를 압축한 요약문이라고 할 수 있다.

빨리, 그것도 확실하게 요점을 읽어내기 위해서는 표제어를 이용하는 것이 효율적이다.

구체적인 표제어 활용법은 다음과 같다. 우선 표제어의 내용을 정확하게 이해하고, 여기에서 벗어나지 않도록 주의하며 표제어가 속한 글 전체를 스키밍한다. 그리고 표제어를 보충하는 중요한 문장을 찾아내 재빨리 읽은 후 다음 표제어로 이동한다. 이런 방법을 통해 저자가 의도한 테마에서 벗어나지 않으면서 중요한 대목을 파악하고, 읽는 부분을 큰 폭으로 생략, 책 읽는 속도를 올릴 수 있다.

요지나 요약과 마찬가지로, 표제어를 항공모함이라고 간주, 이에 속한 본문이 읽을 가치가 있는지 판단하는 재료로 활용해도 좋다.

표제어를 속독에 활용하는 구체적인 방법을 소개한다. 우선 모든 표제어를 질문형으로 바꿔본다. 그리고 그 대답을 단적으로 표현한 문장을, 표제어 밑의 내용에서 골라내면 저자의 주장이나 요지를 재빨리 포착할 수 있다.

익숙해지면 표제어를 차례로 읽으면서 단시간에 적확한 정보를 얻을 수 있게끔 된다.

서점에서도 효과적인 표제어 활용법

표제어를 정확하게 이해한다.

↓

표제어에 속한 글 전체를 스키밍한다.

↓

표제어를 보충하는 중요 포인트를 발견한다.

시간이 없을 때나 서점에서 책을 고를 때에도 표제어 활용법은 유용하다. 차례에서 표제어를 확인, 가장 흥미로운 페이지를 펼쳐서 내용을 확인한다. 이때 표제어 활용법에 따라 요지를 재빨리 이끌어내는 데 성공하면 한 권의 책 속에서 가장 중요한 부분에 순식간에 접근, 중요 정보를 얻을 수 있다.

10

신문에서 재빨리 중요한 정보를 입수하는 법

신문에 적힌 자수를 세어보면 족히 책 한 권 분량은 된다. 많은 사람들은 이를 아침에 15분에서 30분 정도 읽고 출근한다. 다시 말해 책 한 권을 15분에서 30분 만에 읽는 속독을 무의식중에 하고 있다는 말이다.

한 권의 책을 10분 만에 읽는다고 하면 "그런 게 가능할 리 없어."라고 생각하는 사람이 있는데, 신문의 예를 보면 누구든 속독을 할 수 있다는 자신감을 가져도 좋을 것이다.

하지만 같은 속독을 한다 해도 신문의 구조에 맞게 조금 더 조직적으로 읽는 법을 습득한다면 속독·속해의 효과도 향상된다. 신문은 훈련 받은 신문기자가 아주 바쁜 사람이라도 단시간에 읽을 수 있도록 이것저것 궁리해서 내용을 구성한다. 예를 들어 큰 표제어일수록 신문사가 중요하다고 생각하는 키워드가 함축되어 있고, 고딕체나 반전 문자, 다양한 크기의 글자로 시선을 끌도록 하고 있다.

게다가 표제어 바로 다음 부분에 요약이 실려 있기 때문에 이것만 읽어도 개요를 알 수 있다. 이어서 한 줄에 열두세 글자로 된 짧은 글이 나오는데, 이것도 행 단위의 블록으로 읽을 수 있도록 되어 있다.

이 블록은 앞에 나올수록 중요도가 높고, 뒤로 갈수록 상세하게 설명되어 있다. 이는 도중에 그만 읽더라도 내용을 알 수 있도록 독자를 배려하고 있기 때문이다.

이런 기본 구조를 기반으로 신문을 속독하는 경우에는 전체에서 필요하고 중요한 정보의 표제어를 찾는 스캐닝을 활용한다. 표제어를 스캔했다면 가장 먼저 나오는 요점 블록을 한눈에 읽는다. 이것으로 충분하다고 판단되면 다음 표제어 스캔으로 넘어간다.

한 걸음 쉬어가기

속독의 목적은 명확하게 ②

독서의 목적은 크게 다음과 같은 네 가지로 분류할 수 있다. 첫 번째가 즐기기 위한 독서로, 소설이나 희극 등을 읽는 경우가 여기에 해당한다. 두 번째는 특별히 흥미로워 읽는 독서, 세 번째가 공부하기 위한 독서, 네 번째가 마스터하기 위한 독서다.

물론 블록 또는 페이지 전체를 스캐닝, 스키밍하는 것도 중요하다. 신문사가 중요하다고 생각하는 정보와 독자에게 중요한 정보가 다른 경우도 있기 때문이다. 작은 기사 속에 독자에게 중요한 정보가 숨어 있을 가능성도 있다.

다음으로 중요하다고 판단한 블록은, 단순한 정보 학습의 경우에는 가장 빠른 이해 속도로, 기억하고 싶은 경우에는 이해 속도로 읽는다. 가로쓰기 방식의 글은 수직 읽기와 블록 읽기를 병용하는 편이 효과적이다. 수직 읽기란 가로로 적힌 글의 한가운데 부근을 위에서 아래로 꿰뚫듯 시점을 수직으로 이동시켜가는 읽기법이다.

적확하게 필요한 중요 정보를 획득, 기억하려면 마음속에 '멘탈 홀더'를 만들어두는 것이 효율적이다. 멘탈 홀더란 머릿속 서랍 혹은 마음의 필드라는 의미다. 멘탈 홀더를 명확하게 정한 다음, 이에 속하는 내용을 만나면 차례차례로 그 파일에 넣어가면 된다.

예를 들어 5W1H(누가, 언제, 어디서, 무엇을, 왜, 어떻게) 등 6개의 파일을 만든다. 숙달된 기자가 글을 쓰는 신문의 경우에는 이런 중요 항목은 대부분 빠짐없이 적혀 있기 때문에 이를 해당 파일로 옮겨간다.

자신이 흥미 있는 테마 서랍을 만들어도 좋다. 흥미로운 테마를 발견하면 머릿속에서 색이 다른 테마 파일을 만들고, 거기에 착착 넣어가는 것이다.

신문에서 확인할 곳과 시선의 움직임

신문 속독 테크닉 →
❶ 큰 표제어로 키워드 검색
❷ 중간 표제어로 예측
❸ 요약으로 내용 파악
❹ 더욱 필요하다고 판단된다면 소 표제어에서 본문 블록 읽기로 나아간다.
❺ 표제어를 차례차례로 확인한다.

블록 읽기
수직 읽기 → 가로쓰기의 경우 수직으로 읽는다.
수평 읽기 → 세로쓰기의 경우 수평으로 읽는다.

이와 같은 방법을 사용하면 읽는 속도가 빨라질 뿐 아니라 머릿속은 정리되고, 정연한 마음의 파일을 여럿 만들 수 있다.

11

목적별 속독법 ②

매뉴얼을 손쉽게 이해하는 비결

사람들은 취미나 기술을 마스터하기 위해 학원이나 강습회 등에 다니곤 한다. 하지만 이는 시간과 비용이 들기 때문에 역시 기본적으로는 매뉴얼이나 책으로 공부하는 편이 간편하다. 게다가 매뉴얼이나 책은 언제라도 손쉽게 보고 공부할 수 있어 든든하기까지 하다.

컴퓨터용 소프트웨어를 예로 들자면 이 다양한 프로그램들을 전부 학원에 다녀서 마스터하기는 힘들다. 가능하면 각종 기능은 매뉴얼만 읽고 활용하고 싶은 사람도 많을 것이다. 하지만 매뉴얼을 제대로 읽기란 의외로 힘들다.

이처럼 취미나 흥미가 있는 장르의 책을 속독할 때는 지금까지 소개한 3단계 속독법이 도움이 될 것이다.

제1단계는 스키밍이다. 단시간에 표지나 차례, 머리말, 그래프나 요약 등을 스키밍한다. 책의 구조나 스키마 즉 기본 골격이나 정보 분포를 파악한다. 이때 자신의 목적을 명확하게 해두는 것이 중요하다.

제2단계에서는 가장 빠른 이해 속도로 읽는다. 자신의 흥미에 초점을 맞추고, 니즈를 제공하는 부분에서는 속도를 늦춘다. 하지만 니즈에 맞지 않는 부분에서는 속도를 높이고, 나중에 활용할 것 같은 부분은 표시하는 정도로 그친다.

제3단계는 이해 속도로 읽는다. 이때는 중요 부분이나 자신에게 중요하다고 생각되는 부분을 자세히 읽는다. 물론 필요에 따라 제1단계 또는 제2단계에서 끝내도 상관없다.

버그도 컴퓨터 워드프로세서 소프트웨어 사용법을 설명한 두꺼운 매뉴얼을 이 같은 방법을 통해 약 3시간 만에 다 읽고, 소프트웨어를 쓸 수 있게 되었다고 한다. 매뉴얼을 처음부터 일반적인 방법으로 읽어나가면 족히 몇 주는 걸리고, 결국에는 매뉴얼은 읽지도 않고 방치해버릴 것이다. 이래서는 중요하고 편리한

한 걸음 쉬어가기

속독의 목적은 명확하게 ③

독서법의 요소에는 이해력, 책을 읽는 속도, 쾌적성 등 세 가지가 있다. 이 세 요소는 어떤 목적의 책읽기에서든 모두 필요하지만, 각각에 따라 비중이 다르다. 자기 나름대로 균형을 맞춰보자.

기능도 알 수 없게 된다.

구체적으로 컴퓨터 소프트웨어 매뉴얼을 예를 들어 생각해 보자.

제1단계는 이미 설명한 대로 스키밍이다.

제2단계에서는 가장 빠른 이해 속도로 읽되, 매뉴얼에 적힌 기능을 모두 다 실행에 옮기려 하지 말고, 어떤 기능이 자신에게 필요한지, 바로 활용할 수 있는 편리한 기능이 있는지를 중점적으로 읽고, 해당 부분에 표시를 해간다.

이 제2단계는 특히 중요한 단계이며, 이것으로 자신과 두꺼운 컴퓨터 소프트웨어 매뉴얼 사이에 연결고리, 네트워크가 구축된다.

제3단계는 이해 속도로 가장 필요한 부분만을 읽는다. 최초의 셋업 방법이나 구동 방법, 바로 쓰고 싶은 기능 등이 이에 해당될 것이다. 그 밖의 내용은 읽지 말고, 해당 기능이 필요해졌을 때 자세히 읽으면 된다.

이렇게 하면 비교적 짧은 시간에 두꺼운 매뉴얼의 각 부분과 네트워크가 형성된다. 흡사 컴퓨터 소프트웨어 초급 강습을 마치고, 선생님과 안면을 튼 것과 같다. 컴퓨터 강습에서는 모르는 것이 있으면 하나하나 선생님에게 전화를 해서 의논하지 않으면 안 된다. 이것은 무척 번거로운 일일 것이다.

하지만 속독법으로 매뉴얼을 마스터하면 모르는 부분이 생겼을 때 컴퓨터 매뉴얼에서 미리 알고 있는 해당 페이지를 펼쳐 거

버그식 컴퓨터 매뉴얼 3단계 속독법

〈제1단계〉

스키밍

표지, 차례, 머리말 등 전체를 대강 살핀다.
또 책의 구조나 스키마, 정보 분포를 확인한다.

↓

〈제2단계〉

마킹

자신에게 필요한 부분은 속도를 낮춰서 읽고 표시한다.
불필요한 정보는 속도를 높여 읽고,
나중에 활용할 수 있을 것 같은 부분은 표시하는 정도로 그친다.
→자신과 매뉴얼 사이에 '네트워크' 구축

↓

〈제3단계〉

이해 속도로 다시 읽기

지금 당장 쓰고 싶은, 가장 필요한 부분만을 읽는다.

기에 적힌 내용을 확인하면 그만이다. 이렇게 매뉴얼은 언제라도 자신의 가까이에 있는 든든한 조언자가 되어준다.

12

목적별 속독법 ③

시험용 벼락치기 텍스트 독서법

단시간에 텍스트를 파악해서 이해할 수 있는 속독법을 조금만 응용하면 사내 시험이나 자격시험, 나아가서는 학교 시험에서 높은 점수를 얻기 위한 대책법으로도 활용할 수 있다.

실제로 학교나 회사에서는 텍스트를 주고 일정 기간 후에 시험이 실시되는 경우가 드물지 않다. 이때 성패를 가르는 것은 적절한 텍스트 독서법이다.

이 경우에는 다른 독서법과는 그 목적이 상당히 다르다. 다시 말해 자신에게 흥미로운 정보보다도 시험 출제자가 수험자에게 기대하는 정보를 파악하는 쪽이 중요해진다는 말이다. 그러므로 당연히 시험 출제자의 입장에 중점을 두고 책을 읽어나가야 할 것이다.

또 시험공부의 목적은 시험에서 높은 점수를 획득하는 데 있다. 시험공부의 내용은 대부분의 경우 자신이 공부하고 싶은 정보와 반드시 일치하지는 않는다. 다시 말해 시험만을 위해서 일시적으로 습득하면 되는 정보가 많다. 이런 유의 사항에 입각하여 3단 속독법을 해간다.

우선 제1단계로서 15분 이내에 텍스트 전체를 적극적으로 스키밍한다. 적극적인 스키밍이란 짧은 시간 동안에 어디에 무엇이, 어떤 정보가 있는지를 파악하는 것이다. 앞에서 설명한 대로 자신의 흥미보다도 오히려 출제자가 무엇을 기대하고 있는가, 출제할 것 같은가 등에 초점을 맞춰 읽어간다. 이때 중요하다고 여겨지는 부분은 글 옆에 연필로 세로선을 긋거나 페이지의 여백에 표시를 해둔다.

제2단계에서는 중요 부분을 픽업 속독한다. 전체적으로는 가장 빠른 이해 속도로 책을 읽어나가면 되지만, 차례나 요점 또는 출제될 가능성이 높은 부분에서는 조금 속도를 낮춘다. 특히 정

한 걸음 쉬어가기

속독의 목적은 명확하게 ④

전문가라 불리는 사람은 해당 분야의 지식을 정확하게 이해하고 기억해야 한다. 하지만 지식을 흡수하는 근원인 전문서는 두껍고 난해하다. 이럴 때야말로 속독, 속해 테크닉이 꽃을 피우게 된다. 이는 경영자나 직장인, 연구·기술자 등도 마찬가지이다.

보 구조나 흐름을 알 수 있는 차례나, 책 전체가 어떤 목적이나 흐름으로 쓰였는지를 나타내는 스키마 부분에서는 속도를 낮추고 내용을 이해하면서 읽는다.

마지막으로 다음 제3단계에서 공부할 때를 위해 중요 부분에는 표시를 해둔다. 제3단계는 공부에 대부분의 시간을 투자한다. 제1단계, 제2단계에서 흐름이나 요점을 파악, 표시한 부분을 중점적으로 공부하도록 한다.

필요한 시간의 반에서 70퍼센트 이상은 텍스트를 읽는 것이 아니라 텍스트 속의 중점 부분을 공부, 이해하고 기억하는 데 쓰도록 한다. 그렇게 하면 시험장에서도 정답을 금방 떠올릴 수 있을 것이다. 이 방법이라면 짧은 시간 동안 공부해 고득점을 받을 수 있다.

다시 말하면 읽기와 공부를 명확하게 구별할 수 있는 사람이 시험에 강하다는 것이다. 텍스트를 통해 공부한다는 말 속에는 그 정보를 이해하고, 공부하고, 기억한다는 이 3요소가 포함되어 있기 때문이다.

단순히 텍스트를 읽고 있으면 시간이 걸리고, 읽는 것과 공부하는 것을 혼동하면서 읽기 때문에 대부분의 경우는 시간이 부족해지고, 텍스트 전체를 중점적으로 파악하지 못하고, 시험공부가 어중간하게 끝나버린다.

시험공부를 위한 3단계 속독

〈제1단계〉

적극적인 스키밍

15분 이내에 텍스트 전체를 적극적으로 스키밍한다(짧은 시간 안에 어디에 무엇이, 어떤정보가 있는지를 파악한다). 중요하다고 느낀 부분은 글 옆에 연필로 선을 그어둔다.

〈제2단계〉

픽업 속독

가장 빠른 이해 속도로 중요 부분을 픽업 속독한다. 차례나 요점, 출제될 가능성이 높은 중요 포인트 등과 같은 부분을 읽을 때에는 조금 속도를 낮춘다. 제3단계용으로 중요 부분에는 색연필로 체크 표시를 하거나 밑줄을 긋는다.

〈제3단계〉

공부 시간

제1~2단계에서 흐름이나 요점을 파악, 표시했던 부분을 중점적으로 공부한다.

● 시간 분배법

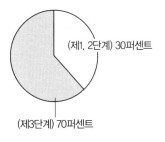

(제1, 2단계) 30퍼센트

(제3단계) 70퍼센트

● 보다 효과적인 기호 사용법

중요한 부분은 각자가 좋아하는 방법으로 표시해도 상관없지만, 나중에 헷갈리지 않도록 주의한다.

[예] 세계 최강 속독자 버그의 경우

• 중요한 정보→[—]

• 이해뿐 아니라 기억을 요하는 정보 → [*]

13

전문서 · 비즈니스서
확실하게 이해하는 기술

전문가 혹은 전문가를 꿈꾸는 사람이 업무의 성패를 결정하는 중요한 지식을 공부하기 위해서는 그 분야에서 더욱 수준 높은 전문가가 쓴 책이 필요하다.

그런데 전문서를 마스터하는 것은 시간이 걸린다고 생각하여, 전문서 읽기를 포기하고 귀동냥이나 경험에만 의지하려는 사람이 있다. 이래서는 결코 자기 분야의 전문가가 될 수 없다.

전문가를 꿈꾸는 사람이 단시간에 난해한 전문서를 마스터하는 속독법을 습득하면 해당 분야에서 하루하루 착실하게 진보할수 있을 것이다. 수준 높은 전문가가 언제라도 자신 옆에서 마음든든한 지도를 해주기 때문이다.

전문서는 앞에서 설명한 3단계 속독법을 주축으로 공략하면 즐겁고도 빠르게 마스터할 수 있다. 시간이 없는 경우에는 이 3 단계의 프로세스를 이해한 다음 모든 과정을 하나로 압축하여 동시에 진행해도 좋다.

제1단계는 스키밍으로 아주 짧은 시간 동안 표지, 차례, 책 속의 차트나 도표 등을 휙휙 보고 어디에 어떤 정보가 있는지, 그 흐름이나 스키마 등을 파악한다.

이 단계에서는 학습(기억이나 사고)은 하지 말고, 그저 표지, 차례 등 포인트를 이해하는 것에만 신경을 쓴다. 중요하다고 생각한 부분은 밑줄 같은 것으로 표시를 해둔다.

제2단계는 제1단계에서 압축한 중요 부분을 이해할 수 있는 최고 속도로 읽어간다. 다음 단계에서 마스터하고 싶은 중요 부분에 초점을 두고 다시 한번 표시를 한다.

제3단계는 지금까지의 두 단계에서 압축해온 중요 부분을 마스터(학습)하는 단계로, 여기에 90퍼센트의 시간을 활용한다. 마스터란 이해하고 기억하고, 이를 머릿속으로 응용하는 것이다. 자기라면 어떻게 응용할 수 있을지를 생각하거나, 혹은 새로운 아이디어를 발상하는 등 적극적으로 생각하는 것을 의미한다. 마스터를 통해 비로소 자기 실력이 된다는 사실을 잊어서는 안 된다.

독서와 마스터(학습)를 구별하고, 독서에 10퍼센트, 마스터에 90퍼센트라는 비율로 정력을 쏟는 것이 이상적이다. 일반적으로 많은 사람이 이 독서와 마스터를 구별하지 못하고 처음부터 혼동

전문서 · 비즈니스서의 3단계 속독법

〈제1단계〉

스키밍

표지나 차례, 차트나 도표를 휙휙 보고 흐름이나 스키마를 파악한다.
중요한 부분에는 밑줄을 긋는다.

↓

〈제2단계〉

속독

최고 속도로 중요 부분을 속독한다. 보다 중요한 부분에 표시한다.

↓

〈제3단계〉

마스터

중요 부분을 이해하고 자기 것으로 만든다.

● 전문서 시간 분배법

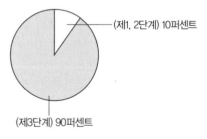

(제1, 2단계) 10퍼센트

(제3단계) 90퍼센트

해서 읽어나가기 때문에 소화불량을 일으키고, 읽는 도중에 포기해버린다.

이 3단계 속독법을 활용하면 전체적인 흐름을 이해하면서 차츰 마스터할 부분에 초점을 맞춰가기 때문에 단시간에 마스터를 할 수 있으며, 알찬 독서가 가능해진다.

또한 시간이 한정되어 있는 경우에는 마스터해야 할 테마를 적게 설정하면 좋다.

014

두꺼운 기술서 · 전문서
마스터하는 비결

연구자, 기술자, 컴퓨터 프로그래머, 변호사, 의사 등은 두꺼운 전문서, 기술서를 일정 기간 내에 읽어야 한다.

이는 기술계열에 종사하는 사람만의 문제가 아니다. 문과계열 사람도 경제서나 자료를 분석한 전문서 등을 읽지 않으면 안 되므로 상황은 마찬가지다. 게다가 문과계라 하더라도 컴퓨터나 정보 통신 기술 등을 모르면 뒤처지는 시대다. 이런 시대에 두껍고 난해한 전문서, 기술서를 단시간에 읽는 방법은 없는 것일까.

두꺼운 전문서를 읽을 때는 3단계 독서법을 응용해서 다음과 같이 3단계 파장 공격으로 공략한다.

제1단계는 어쨌든 책 전체를 본다. 책 전체를 스키밍하고 특히 차례나 일러스트 등을 재빨리 보고 전체적인 흐름이나 개요 등을 훑어보도록 한다.

제2단계에서는 어디가 중요한지를 체크해간다. 이것도 가장 빠른 이해 속도로 행한다. 이 단계에서는 어디까지나 이해하는 것이 아니라 어디에 어떤 중요한 정보가 있는지, 어디에 자신이 응용하기 쉬운 정보가 있는지와 같은 사항을 확인하는 것을 최우선으로 삼는다.

제3단계에서는 학습을 하기 위한 덩어리로 나눈다. 이것으로 최초의 과정은 끝난다.

다음에 각각의 덩어리별로 제2차 파장 공격, 다시 말해 두 번째 3단계 독서인 책 조사에 들어간다.

제1단계에서는 전체적인 흐름을 최고 속도로 읽고, 제2단계에서는 압축한 중요 부분을 이해 속도로 읽고, 다음 단계에서 공부하고 싶은 가장 중요한 부분을 체크한다. 그리고 제3단계에서는 가장 중요하다고 여기는 부분에 가장 많은 시간을 투자해서 학습, 기억, 발상 등을 한다.

이렇게 하면 난해하고 두꺼운 전문서라도 먹기 쉽게 소화해서 짧은 시간 안에 즐겁게 마스터할 수 있다.

두꺼운 전문서를 공략하는 비결

큰 고깃덩어리를 먹는다는 느낌으로

미국에서 작가 입문 강좌를 시작할 때 수강생에게 자주 던지는 질문이 있다.

"코끼리는 어떻게 해서 먹으면 좋은가?"

조금 터무니없는 질문이지만, 대부분은 다음과 같이 대답할 수밖에 없다.

"한 번에 한 입씩 먹을 수밖에 없다"고.

이는 대작을 쓸 때도 최소 단위의 패러그래프부터 시작하지 않으면 안 된다는 사실을 비유하고 있다. 이 원리는 두꺼운 전문서를 읽을 때도 마찬가지다.

버그식, 구미식, 사이토식 등 수많은 속독법 중에서 모든 니즈에 부응하는 아주 실전적인 테크닉만 엄선해서 소개한다. "목적한 정보에 한 번에 도달한다", "요점만을 파악해서 평소의 10배속으로 독파한다", "우뇌의 힘을 불러일으켜 순간적으로 내용을 이해한다"……. 독서의 질이 급변하는 경이로운 기술이 이 장에 담겨 있다.

chapter **3**

속독 실력을 키워주는
신개념 테크닉

01
속독력이 향상되는
'시점 이동의 법칙'

미국에서는 과학적 속독법인 스피드 리딩 연구의 일환으로 카메라나 비디오와 같은 영상기기를 이용해 시점 이동 연구를 계속해왔다. 그 하나가 뉴욕대학 교육학부 닐라 밴튼 스미스 교수의 연구다.

스미스 교수는 영상기기를 사용해 독자의 시점 이동을 분석했다. 그 결과는 뒤에 나오는 도해와 같다.

이 도해에서 왼쪽에 있는 번호 ①~⑧은 피험자의 번호이며, 영문 속에 세로로 길게 그어져 있는 선은 시점이 고정된 위치, 그 선 위쪽의 번호는 시점 이동 순서, 선의 아래쪽의 숫자는 시점이 머무른 시간(16분의 1초)이다.

이와 같은 방법으로 여러 피험자의 시점 이동을 분석한 결과,

도해 가장 위쪽에 있는 ①번 피험자가 가장 뛰어난 독자로, 문장을 순서대로 빨리 읽어 나갔다는 것을 알 수 있었다.

뛰어난 독자는 도해 위쪽에 있는 ①번, ②번, ③번까지의 독자이다. 도해 맨 아래에 있는 피험자는 가장 빈약한 독자로, 빈번하게 시점을 이동하고 있다. 게다가 시점 이동의 순서도 거꾸로 되돌아가거나 좌우로 건너뛰는 등 안정감이 없다.

이 도해에서 보듯이 맨 위에 있는 가장 뛰어난 피험자는 시점 고정 횟수가 불과 세 번뿐인 데다가 독서에 걸린 시간도 가장 짧았다. 이에 비해 맨 아래에 있는 빈약한 피험자는 문장의 앞뒤를 거슬러가는 등 시점 고정 횟수가 20회나 되고, 독서에 걸린 시간도 가장 길어 빠른 사람에 비해 약 8배나 걸렸다.

이 독서 분석을 통해 알 수 있듯이 뛰어난 독자는 시점 고정 횟수도 적고, 시계가 넓다. 다시 말해 한 번의 시점 고정으로 의미 있는 아이디어 단위를 넓게 잡을 수 있다. 빈약한 독자는 시점 고정 횟수가 많고, 한 번에 해당하는 시계가 좁다. 다시 말해

한 걸음 쉬어가기

뛰어난 속독법이란 ①

뛰어난 속독법이란 잔재주와 같은 단순한 테크닉이 아니라 종합적인 속독 능력을 의미한다. 종합적인 속독 능력이란 다양한 속독 이론과 기술을 종합적으로 체득하여, 책의 내용이나 레벨에 맞춰 전략적이고 가장 적절한 속독 기술을 구사할 수 있게끔 될 때 비로소 가능해진다.

포착하는 자수가 불과 한 글자에서 몇 글자로 적으며, 왔다 갔다 하면서 고정점을 이동시킨다는 사실을 알 수 있다.

이 같은 실험 결과를 수식으로 만들어보니 다음과 같은 공식이 성립되었다.

독서 속도 = 한 번에 이동하는 시점당 문자 시계의 너비
÷ 페이지당 시점 이동 횟수

이 공식에서 알 수 있듯이 독서 속도를 올리는 비결은 "한 번의 이동 시점에 보이는 문자 시계를 가능한 한 넓히고, 시점을 빨리 이동시켜 페이지당 시점 이동 횟수를 될 수 있는 한 적게" 하는 데 있다.

독서 속도를 올리는 공식

독서 속도 = 한 번에 이동하는 시점당 문자 시계의 너비
÷ 페이지당 시점 이동 횟수

① 한 번의 이동 시점을 통해 볼 수 있는 문자 시계를 가능한 한 넓힌다.
② 시점 이동 속도를 높여 페이지당 시점 이동 회수를 가능한 한 적게 한다.

● 독서할 때의 시점 이동 실험 결과 (뉴욕대학 스미스 교수의 실험)

시점 이동 순서

피험자 번호

1   2   3
❶ After the war he gave the Negro a little house on
시점이 머무르는 시간   9 ◄   7   5

1   2   3   4
❷ After the war he gave the Negro a little house on
16   12   7   7

1   2   3   4   5
❸ After the war he gave the Negro a little house on
10   18   8   9   6

1   2   3   4   5   6 7 8
❹ After the war he gave the Negro a little house on
9   6   6   8   8   7 5 5

2 3 1 4   5   6 7   8 9   10 11
❺ After the war he gave the Negro a little house on
30 2 6 6   7   5 5   6 7   7   5

1 2   3 4 5 6 7 8   9 10   11   12   13
❻ After the war he gave the Negro a little house on
36 10 8 14 12 10 9 8 13   11   8   11   7

2   3 1 4   5 6 8 7 9 12 10 11 13 14 15 16 17 18
❼ After the war he gave the Negro a little house on
8   20 4   19 24 9 4 7 8 109 8   9 6 132 7   4 19

4 25 3 6 7   10 8 111 9   12 13   14 15 16 17 18 19 20
❽ After the war he gave the Negro a little house on
7 122 4 8 17   11 105 5 4   11 4   12 16 8 2   8 6 11

02
전체를 파악하면서
'표적'을 찾는 '스키밍'

미국에서는 중요한 속독 기술 중 하나로 스키밍을 꼽고 있다. 버그식 속독법에서도 중요시하고 있으며, 이 책에서도 여러 번에 걸쳐 등장했으므로 개요는 파악했을 것이다. 스키밍은 논리적 속독을 위해서 반드시 필요한 기술이며, 국제적으로도 중요한 속독 기술 중 하나로 추천하고 있다.

제1장에서는 갈매기를 예로 들어 설명했는데, 이번에는 당신이 정찰용 전투기 조종사가 되었다고 생각하고 더욱 상상력을 부풀려보길 바란다.

우선 ① 자국 군대의 항공모함에서 날아오른 정찰기는 바다 위를 정찰하면서 비행한다. ② 그러다가 아래에 적군의 선두에 있는 순양함, 나아가 전함과 항공모함을 발견한다. ③ 당신은 적

스키밍 이미지

❶ 모함에서 날아오른다(책이라는 바다로).

❷ 적함을 포착(중요 정보 발견).

❸ 정보를 본부로 보낸다(머릿속에 입력).

❹ 상공으로 날아오른다(다음 정보 획득으로).

함의 사이즈나 모형, 대포나 미사일 개수 등을 재빨리 확인하고 이 정보를 즉시 본부에 알린다. ④ 그리고 적에게 닿지 않는 상공으로 물러난다.

책을 읽을 때도 바다 위에서처럼 시선은 페이지 위를 아슬아슬하게 날아다니다가 자신에게 필요한 부분을 발견하면 그곳에 내려앉는다. 그리고 그 정보를 획득하면 다시 페이지 위를 둘러보면서 아슬아슬하게 날아다닌다.

그렇게 빨리 날아서 자신에게 필요한 정보를 포착할 수 있겠냐고 생각할지도 모르겠다. 하지만 익숙해지면 익숙해질수록, 훈련하면 훈련할수록 숙달된다.

03

단숨에 필요한 정보에 도달하는 비결
'스캐닝 기술'

스캔scan이란 '쓱 훑어보다'라는 의미로, 기술적으로는 주사走査, 레이더에서 전파를 쏘아 찾는다는 등의 의미가 있다. 뇌 등의 화상 진단에 사용되는 CT 스캔도 이 스캐닝에서 파생된 말이다. 속독법에서 스캐닝이란 요컨대 목표를 향해 일직선으로 나아간다는 뜻이다.

다른 것에는 눈길도 주지 않고 대상을 향해 일직선으로 돌진한다. 따라서 책을 읽는 속도는 스키밍보다도 더욱 빨라진다.

책으로 설명하자면, 두꺼운 전화번호부에서 친구의 전화번호를 찾는 것이 스캐닝의 일종이다. 다른 수많은 이름에는 시선을 주지 않고 오직 친구의 이름만을 페이지를 넘기며 찾아낸다. 대부분의 사람들은 몇 백 페이지나 되는 두꺼운 전화번호부라 하더

스캐닝이란?

목표를 향해 읽어나간다!

- 관심 있는 것, 알고 싶은 정보를 설정, 목표를 명확하게 한다. 다른 것에는 눈길도 주지 않고 오로지 목표를 향해 일직선으로 나가 찾아낸다.

- 스캐닝은 최신예 레이더 정찰함선인 이지스함과 같은 속독 테크닉이다. 이지스함은 주변에 수많은 전파를 쏘아 곧바로 주위 수십 킬로미터 안에 있는 적의 배나 잠수함, 비행기 등을 포착하여 화상으로 나타낸다.

라도 아마 몇 분 만에 찾아낼 수 있을 것이다.

페이지가 많다고 해서 겁먹지 말고 도전한다. 다른 것에는 눈길도 주지 않고 그저 목표물을 향해 돌진해야 한다.

이는 독서 속도를 올리고자 할 때 큰 효과를 발휘한다. 목표를 뚜렷하게 정하면 해당 단어는 특별한 의미를 띠고 자신의 인식 능력에 입력된다. 가령 자기 이름과 같이 관심 있는 것, 알고 싶은 것 등은 신기하게도 눈에 두드러져 보인다.

04
요점을 척척 파악하는
'메인 아이디어법'

메인 아이디어법은 미국에서 성공하는 직장인이 되기 위한 필수 무기다. 이것은 간단히 설명하자면 '1 패러그래프, 1 메인 아이디어'라는 생각을 기반으로 한 속독법으로, 요점을 재빨리 척척 파악하는 방법이다.

문장을 분석해보면 하나의 패러그래프 안에는 하나의 메인 아이디어가 함축된 경우가 많다. 이 원칙에 따라 하나의 패러그래프 안에 담긴 하나의 메인 아이디어를 찾으면서 읽는 것이다.

이때 패러그래프란 단락으로, 줄이 바뀔 때까지의 서너 줄로 된 문자군을 의미한다. 예를 들어 하나의 패러그래프 안에 메인 아이디어를 설명한 부분이 자수로 계산했을 때 전체의 10분의 1이라고 한다면 이것만으로 독서 속도는 10배가 된다.

메인 아이디어법이란?

하나의 패러그래프 안에는 하나의 메인 아이디어가 함축된 경우가 많다. 하나의 단락(서너 줄 정도)에서 요점(메인 아이디어)을 재빨리 파악, 척척 읽어나간다.

많은 문서를 처리할 때에는 요점만을 정확하게 파악, 평소보다 10배 많은 문서를 읽고 소화시키는 편이 나은 경우도 아주 많을 것이다. 물론 엄밀하게 한 글자 한 글자 빠짐없이 읽지 않으면 안 되는 경우도 있다.

하지만 포인트를 파악하면서 많은 양과 범위를 폭넓게 망라하는 편이 좋은 경우도 많다. 왜냐하면 현대처럼 과학 기술이 폭발적으로 발전하거나 정보가 홍수처럼 쏟아져나오는 시대에는 폭넓게 읽지 않으면 소중한 정보를 놓쳐버리는 경우가 많기 때문이다.

깊이와 폭 모두를 소화하지 않으면 안 되는 시대이므로 한 글자 한 글자 빠짐없이 읽는, 시간이 많이 걸리는 방법 하나로는 독서 폭이 좁아져 시대의 흐름에 따라갈 수 없게 된다. 그러므로 중요한 것은 찾아내 읽지만, 중요하지 않은 것은 읽지 않고 버리는 독서법이 높은 평가를 받게 된다.

이때 메인 아이디어 파악법은 정확하게 요점을 파악하면서, 게다가 처리 속도를 높이기 위한 중요한 무기가 된다.

05

핵심어 중심으로 이해하는
'키워드 읽기'

키워드 읽기란 글 안에서 구체적으로 눈에 보이는 핵심어를 찾아가는 방법이다. 구체적으로 설명하자면, 글 속에서 키워드(문장 속에서 열쇠가 되는 핵심어)만을 의식해 읽어가는 방법이다.

문장은 독자에게 중요한 단어와 그렇게 중요하지 않은 단어로 이루어져 있다. 중요한 단어가 균일하게 죽 나열되어 있는 것이 아니다. 가장 중요한 단어가 키워드로 임금 대접을 받으며, 이를 뒷받침하는 많은 가신들과 같은 단어군이 이곳저곳 흩어져 있다.

키워드에는 두 종류가 있다. 하나는 저자가 의도한 키워드고, 다른 하나는 독자에게 필요한 키워드다. 이 두 가지 키워드를 고루 찾아가도록 한다.

키워드만 읽으면 중요하지 않는 부분은 읽지 않아도 되고, 결

과적으로 시력의 수고를 덜고 시간을 큰 폭으로 절약할 수 있으
며, 독서 속도가 빨라진다. 키워드란 글의 흐름을 진척시키기 위
해 문장의 대목대목에 놓아둔 핵심어다. 보통 명사나 동사가 중
심이 된다.

한국어 같은 경우는 명사나 동사가 한자어인 경우가 많다. 요
즘은 한자와 병기를 많이 하지 않지만, 한자를 많이 쓴 복잡한
책인 경우는 한자가 문장 안에서 자연스럽게 눈에 띈다. 이런 책
은 핵심어와 그렇지 않은 단어를 구별하기가 쉽다.

한자와 외래어를 많이 쓴 책의 경우에 키워드 읽기는 유리한
속독법이므로 이용하지 않을 수 없다.

06

지식의 '서랍'을 현명하게 이용하는 '트레이싱'

트레이싱이라는 이름의 속독 기술은 스캐닝이나 스키밍 등과 함께 사용하면 아주 거대한 두뇌 정보 네트워크를 구축할 수 있다.

트레이스trace란 '흔적을 쫓다'라는 의미다. 책을 읽고 그 속에 적혀 있는 정보의 흔적을 자신의 기억 속에 새겨두는 방법이라고 생각하면 이해하기 쉽다. 다시 말해 책 속에서 필요한 정보와 자신의 기억 사이에 연결 고리를 만들어두는 것이다. 이를 통해 자연스럽게 책과 읽는 사람 사이에는 눈에는 보이지 않지만 정보라는 이름의 실이 생긴다.

인간의 기억력에는 한계가 있기 때문에 모든 책 내용을 기억하는 것은 무리이며, 또 그럴 필요도 없다. 필요할 때에 정보의 실을 더듬어 책장이나 도서관에서 필요한 책을 꺼내 해당하는 부분을 찾아내 다시 읽으면 된다. 필요할 때에 은행에 가서 예금에서 필요한 만큼 돈을 인출하는 것과 같다. 이 속독 기술을 습득하면 방대한 정보와 지혜를 이용할 수 있게 된다.

미국에서는 대학생에게 책을 많이 읽어야 쓸 수 있는 리포트를 과제로 내는 경우가 많다. 이는 학생 시절부터 속독이나 트레이싱 훈련을 시키고 있다는 의미다. 대학 시절에 얻는 최고의 수확이란 특정 전문 지식을 외우는 것이 아니라 어떤 문제가 생겼을 때 이를 해결하기 위해서는 누구와 만나야 하는지, 어떤 책을 찾으면 되는지를 깨닫는 것이라고 한다. 다시 말해 인간과 책 사이에 거대한 정보 네트워크를 구축해가는 자가 승자로 살아남을 수 있다는 것이다.

트레이싱을 구사해서 필요한 정보를 보충하면 뇌는 가벼워지고, 다양하게 활동할 수 있다. 외부 정보를 필요할 때 이용할 수 있게 된다. 한 번 정도는 직접 속독해서 내용을 훑은 적이 있는 책은 제2차 정보로 활용하기 쉽지만, 도서관 등에 꽂혀 있는 본

한 걸음 쉬어가기

뛰어난 속독법이란 ②

단순히 몇 개의 속독 테크닉을 배운 것만으로 독서 속도와 이해도가 비약적으로 향상된다고 착각해서는 안 된다. 실제로 실력이 비약적으로 좋아지면서, 동시에 현저한 성과를 올리는 사람을 보라. 속독 기술을 습득했을 뿐 아니라 그 기술을 독서에 적극적으로 응용하면서 자신이 활동하고 있는 전문 분야의 지식을 축적, 확장하고 있음을 알 수 있다.

적도 없는 책은 제3차 정보로, 상당히 이용도가 떨어진다.

A라는 테마가 B라는 책 속에 적혀 있다고 기억만 해두면 나중에 필요할 때 그 책을 찾으면 그만이기 때문에 책을 읽는 속도와 책을 읽는 데 소요되는 시간은 큰 폭으로 단축된다.

게다가 트레이싱은 이용 가능한 지식을 방대하게 축적할 수 있으니, 정말 뛰어난 독서 기술 중 하나라고 할 수 있겠다.

트레이싱이란?

책 속의 필요 정보와 머릿속 사이에 '연결고리'를 만든다. "이 테마는 어떤 책에 들어 있다"는 사실을 알 수 있게 된다.

● 개인 정보 두뇌 네트워크

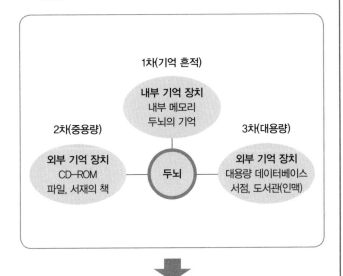

1차(기억 흔적)

내부 기억 장치
내부 메모리
두뇌의 기억

2차(중용량)

외부 기억 장치
CD-ROM
파일, 서재의 책

두뇌

3차(대용량)

외부 기억 장치
대용량 데이터베이스
서점, 도서관(인맥)

속독법은 '외부 기억 장치(서적)'와 '자신의 기억'을 연결시키는 역할을 하고 있다.

07

전체 내용의 20퍼센트에 80퍼센트의
중요 정보 '2대8 법칙'

　속독에서 제일 중요한 것은 QC(품질 관리)를 구성하는 중요 방식, 다시 말해 파레토 법칙의 응용이다.

　파레토 법칙이란 이탈리아의 경제학자 빌프레도 파레토가 발견한 법칙으로, 전체 인구 중 20퍼센트가 80퍼센트의 국부를 차지한다는 이론이다.

　이 법칙은 경제학 분야뿐 아니라 다양한 분야에서 적용되고 있다. 예를 들어 영업 분야에서는 'ABC 분석'이라고 해서, 매출(혹은 이익) 랭킹 상위 품목의 20퍼센트가 전체 매출(혹은 전체 이익)의 80퍼센트를 점한다는 공식이 잘 알려져 있다. 하위 80퍼센트 품목에는 그다지 신경 쓰지 말고, 상위 20퍼센트 품목을 중점적으로 관리, 육성해가면 시간이나 수고를 들이지 않으면서 성적은 좋아진다고 한다.

　나아가 이 방법은 생산이나 품질 관리 등의 분야에서도 응용되고 있다. 품질 관리에 있어서도 '문제 발생 건수의 상위 20퍼센트가 불량품이 생기는 원인과 손실의 80퍼센트를 차지한다'는 법칙이 성립되어 있다. 다시 말해 발생 건수에서 상위 20퍼센트에 있는 문제를 철저하게 해명함으로써 품질을 효율적으로 개선한다는 방침이 서 있는 것이다.

　이 법칙은 QC 분야에도 응용되어 중점 체크나 샘플링 추출 등에도 적용되고 있다. 애초에 방대한 수에 달하는 모든 품목을 하나하나 확인하는 것은 수고와 비용이 너무 많이 들어 오히려 품질 관리가 등한시되는 경향이 있었다. 그런데 이 법칙을 응용하여 10퍼센트나 1퍼센트의 제품을 중점적으로 관리하고, 철저하게 시험하는 과정을 통해 개선점을 찾아 전체적인 품질을 끌어올리는 방식이 도입하였다. 그러자 제품의 품질이 순식간에 향상되기 시작했다.

한 걸음 쉬어가기

뛰어난 속독법이란 ③

지금까지 전 세계에서 다양한 속독 기술이 탄생했다. 속독법이 인간의 지적 활동 기술인 이상, 각자의 개성, 취향, 수준, 또는 책의 내용이나 수준, 종류에 따라 당연히 잘하는 속독 기술, 잘 못하는 속독 기술이 생긴다. 낚싯줄 하나로만 고기를 낚는 것처럼, 한 종류의 속독 기술만을 믿고 책을 읽을 때 알찬 결과를 얻을 수 있을지 어떨지 의심스럽다.

이를 속독법에 응용한 것이 2대8 법칙이다. 간단하게 말하면 책에서 20퍼센트에 해당하는 부분에 필요한 정보의 80퍼센트가 담겨 있다는 사고방식이다. 지금의 자신에게 중요한 정보가 모든 페이지에 골고루 있는 것이 아니라는 사실은 경험을 통해 이미 알고 있을 것이다. 책에는 지금의 자신에게 필요한 내용과 필요하지 않는 내용이 섞여 있다.

책 속의 정보를 모델화해보자.

책 속에는 지금의 자신에게 필요한 정보 A가 20퍼센트, 자신에게 불필요한 정보 B, 이미 아는 정보 C, 당장 필요하지 않지만 나중에 필요할 것 같은 정보 D, 자신에게 유해한 정보 E 등이 섞여 나머지 80퍼센트를 형성하고 있다.

다시 말해 책 속에서 지금의 자신에게 필요한 정보 A만을 능숙하게 골라내 읽으면 되는 것이다. 그렇게 함으로써 지금까지 한 권의 책을 읽는 데 걸렸던 시간의 5분의 1, 즉 5배 빠른 속도로 필요한 정보의 80퍼센트를 얻을 수 있다.

2대8 법칙은 속독에만 효과적인 것은 아니다. 속독법 훈련으로 이 법칙을 익혀 독서뿐 아니라 인생의 다양한 방면에서 응용하면 능률은 5배나 올라가게 된다.

당신은 시간적 여유 그리고 결실 많은 인생을 손에 넣을 수 있을 것이다.

2대8 법칙이란?

● 다양한 분야에서 실증되고 있는 2대8 법칙

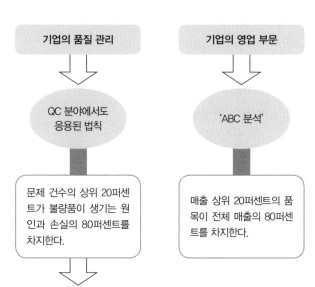

기업의 품질 관리	기업의 영업 부문
QC 분야에서도 응용된 법칙	'ABC 분석'
문제 건수의 상위 20퍼센트가 불량품이 생기는 원인과 손실의 80퍼센트를 차지한다.	매출 상위 20퍼센트의 품목이 전체 매출의 80퍼센트를 차지한다.
상위 20퍼센트의 문제를 철저하게 해명함으로써 품질을 효율적으로 개선해간다.	

● 속독법에서의 '2대8 법칙'

필요한 정보는 책에 균일하게 분산되어 있는 것이 아니다. 전체 내용 중 20퍼센트 속에 자신이 필요로 하는 정보의 80퍼센트가 있으므로 이를 재빨리 추출해서 읽는다.

08
세계적 효율 생산 방식에서 배우는
'도요타 간판 방식'

'2대8 법칙'과 함께 대표적인 속독 방법으로 추천하고 싶은 것이 있다. 바로 고품질을 자랑하는 대표적인 일본차 메이커 도요타가 채택한 '도요타 간판 방식'을 적용한 속독법이다.

도요타 간판 방식은 세계 최강의 효율적 생산 방식이라 불린다. 몇 백 개나 되는 도요타 자동차 계열의 부품 회사들은 운송 트럭 간판에 목표와 납기를 내걸고 도요타 공장으로 몇천 개의 부품을 납입한다. 간판에 표시한 이상, 납기를 확실하게 지키지 않으면 안 된다.

이를 독서에 적용해보자. 목표(한 권 혹은 몇 페이지라는 독서량)와 납기(독서 시간)를 명확하게 설정해서 이를 의식하는 것이다. 그러면 두뇌와 독서에 필요한 각각의 신체 기능(부품 회사에 해당)은 이를 위해 총동원되어 집중하고, 최대의 효율을 올리게 된다.

중요한 것은 목표를 명확하게 설정하는 데 있다. 그리고 평범한 시계나 스톱워치가 아닌 역산 타이머 방식으로 시간을 재야 한다. 보통 독서라고 하면 스톱워치처럼 처음부터 읽기 시작하여 하나씩 페이지로 넘겨 마지막 페이지를 다 읽기까지 몇 분이 걸렸냐는 식으로 진행된다. 이런 방식은 책을 자신의 정신적 기반을 구성하는 골격 중 일부로 만들고 싶다고 생각할 때, 시간을 들여 숙독, 정독하면서 처음부터 끝까지 음미하고 싶을 때에는 필요하다.

하지만 모든 책이 반드시 이처럼 중요하다고는 할 수 없다. 정보나 사고방식, 기술, 지식을 얻기 위해 읽는 책도 많다. 이런 경우에 유력한 무기가 되는 것이 역산 타이머 방식이다. 이는 어떤 목적(몇 페이지를 읽는다든가 어떤 테마인지를 파악하는 등)인지를 명확하게 정하고, 처음에 납기(몇 시까지 몇 분 동안 읽는다), 다시 말해 시간을 설정하고 그 시간 안에 목표한 페이지를 읽는 방식이다.

역산 타이머 방식으로 읽으면 어떤 메리트가 있을까. 일정 시간 내에 몇 페이지를 읽느냐 하는 명확한 목표를 정할 수 있고, 이에 맞춰 책 읽는 속도, 이해의 정도, 읽는 페이지 수 등을 자유롭게 설정할 수 있다.

책을 다 읽을 때까지의 시간을 무제한으로 하지 않고, 몇 분만에 다 읽는다는 역발상으로 전환하는 것이다. 이렇게 함으로써 뇌와 몸은 목표를 향해 풀가동되고, 그 시간 안에 책에 실린 모든 정보를 놓치지 않으려 한다. 그 결과, 자연적으로 빠르고 정확하게 책을 읽는 태세를 갖추게 된다.

이는 납기 안에 작업을 마친다는 도요타의 간판 방식과 같은 발상이다. 이 방식을 채용함으로써 한 권의 책에 들이는 독서 시간(수고)이나 습득하고자 하는 정보의 양 등을 주체적으로 관리할 수 있다.

책을 어물어물 읽는 것이 아니라, 언제까지 읽는다는 계획성이 생겨, 책을 다 읽지 못하는 일이 자연스럽게 사라진다.

납기에 맞추는 것이 중심이 되기 때문에 당연히 독서 속도도 빨라지고, 중요치 않은 부분은 가능한 한 생략하는 효율적인 중점 독서로 변화할 것이다. 또 눈이나 뇌를 날카롭게 움직여 속도를 높이려 하기 때문에 읽는 속도도 자연스럽게 빨라진다.

결과적으로 책 한 권을 읽는 데 들이는 독서 시간을 단축할 수

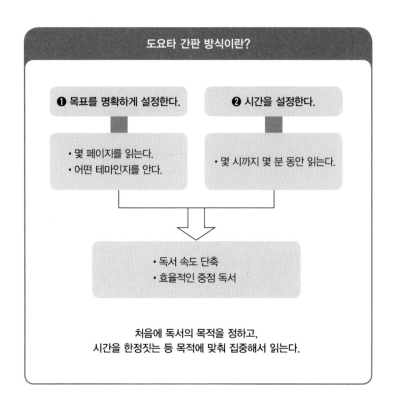

있으므로, 눈이나 뇌에 주는 피로도 큰 폭으로 덜 수 있게 된다.

이처럼 목표와 납기를 스스로 명확하게 설정하는 것만으로 속도는 몰라볼 정도로 빨라진다. 이 방법도 독서뿐 아니라 업무나 인생의 모든 부분에 적용, 능률을 올릴 수 있는 중요 법칙이다.

09
우뇌를 활용한 이미지 활용
'아날로그 읽기'

또 하나, 우뇌를 활용한 강력한 속독 기술이 있다. 바로 '디지털 읽기'에서 '아날로그 읽기'로 옮겨가거나, 이 두 방법을 함께 쓰는 것이다.

디지털 읽기란 좌뇌를 이용하여 글을 읽는 방법이다. 앞에서도 설명한 것처럼 우리는 초등학생 때부터 국어책 소리 내어 읽기 등 글자를 하나하나 표현해서 이해하는 '음독' 교육을 받아왔다. 그래서 성인이 되어서도 정도의 차이는 있지만 이 버릇에서 완전히 벗어나지 못했다.

많은 사람들이 책을 읽을 때 소리로는 내지 않더라도 마음속으로 한 자 한 자 중얼거리며 활자를 소리(단어)로 전환해 내용을 이해한다. 이를 '묵독'이라고 한다.

하지만 이 방법으로는 분당 700~800자의 벽을 넘을 수가 없다. 음독도 묵독도 내용을 소리로 전환해서 이해하기 때문이다. 이 읽기 방식은 한 자 한 자 음으로 변환해가므로, 디지털(직렬) 처리 방식이라고 할 수 있다.

시계로 예를 들면 이해하기 쉬울 것이다. 아날로그시계와 디지털시계의 차이와 같기 때문이다.

다시 말해 디지털시계로는 오로지 '현재의 시각'만 표시할 수 있으며, 현재 시각의 이전(과거) 시각도, 이후(미래) 시각도 볼 수가 없다. 하지만 아날로그시계는 지금 시간이 9시 몇 분이라도 긴 바늘과 짧은 바늘의 위치로 현재의 시간뿐 아니라 미래인 10시까지 앞으로 몇 분 남았는지, 과거인 8시에서 몇 분이 지났는지 등 12시간 속에서 현재 시간이 어디쯤 위치하는지 한눈에 알 수 있다.

이런 까닭에 한때 유행했던 디지털시계의 시대가 가고, 아날로그시계가 다시 인기를 얻고 있다.

한 걸음 쉬어가기

속독의 사용 구분

목적에 따라 속독과 묵독을 구분해서 사용하도록 한다. 속독은 큰 범위 안에서 필요한 정보를 획득할 때 쓰는 독서법이다. 반면에 숙독은 내용을 천천히 음미할 때 적합한 독서법이다. 책을 읽으면서 저자와 대화를 나누고 동시에 자신의 마음을 가다듬는 깊이 있는 독서법인 것이다.

독서도 마찬가지다. 한 자 한 자 음으로 변환하는 음독, 묵독은 좌뇌를 중심으로 한 직렬 처리 독서법이다. 하지만 이래서는 분당 700~800자라는 '음속'의 벽을 넘을 수가 없다.

이를 한눈에 글자의 그룹을 보고, 순간적으로 우뇌에서 이미지로 이해하는 '시독'으로 바꾸면 700~800자라는 음속의 벽을 가볍게 돌파하여 '초음속' 독서로 비상할 수 있다.

이 독서법은 우뇌의 이미지력을 중심으로 사용하기 때문에 우뇌식 독서라고 한다.

우뇌식 독서는 속독을 숙달하는 과정에서 더없이 든든한 내편이 되어준다.

아날로그 읽기와 디지털 읽기

● 아날로그 읽기(병렬–우뇌)　　● 디지털 읽기(직렬–좌뇌)

〈아날로그시계〉
긴 바늘과 짧은 바늘의 위치로 과거와 미래의 시각을 파악할 수 있다.

〈디지털시계〉
현재의 시각은 명확하게 알 수 있지만, 과거나 미래의 시각을 볼 수가 없다.

시독

음독 · 묵독

한눈에 글자 그룹을 보고, 순간적으로 우뇌에서 이미지로 이해하는 '시독'이기 때문에 분당 700 ~ 800자를 읽는 음속을 가볍게 돌파, '초음속'의 독서로 비상할 수 있다.

한 자 한 자 변환해서 음독, 묵독하기 때문에 속독하려고 해도 속도를 올리기 힘들다.

- 한 자 한 자씩 읽는 음독, 묵독(디지털=직렬 처리)만을 사용하는 독서를 그만둔다.
- 문자 덩어리를 이미지로 포착하는 시독(아날로그=병렬 처리)을 도입한다.

10

우뇌 속독의 약점을 보완하는
'좌우뇌 연동 법칙'

우뇌 속독은 확실히 빨리 읽어나갈 수 있는 장점이 있다. 하지만 속도를 중시한 나머지 이해력, 분석력 등 논리적인 면을 경시하므로 실제 업무에 활용할 때 큰 약점으로 작용한다. 그래서 지식 노동자의 실무에도 충분히 감당할 수 있는 실무 속독 기술로 고안된 것이 사이토식 속독법이다.

이 속독법은 이미지를 중시하는 우뇌와 함께 논리를 중시하는 좌뇌의 움직임을 강화하여 균형 있게 우뇌와 좌뇌를 연동시키는 점이 특징이다.

우뇌와 좌뇌는 역할이 다르다. 우뇌는 이미지나 직관, 창조력 등을 담당하고, 좌뇌는 글자나 논리, 계산 등을 담당한다. 하나하나 글자를 따라 논리적으로 생각해가는 것은 좌뇌의 활동이다.

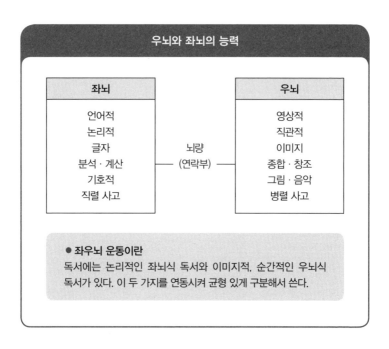

우뇌와 좌뇌의 능력

좌뇌		우뇌
언어적		영상적
논리적		직관적
글자	뇌량	이미지
분석 · 계산	(연락부)	종합 · 창조
기호적		그림 · 음악
직렬 사고		병렬 사고

● **좌우뇌 운동이란**
독서에는 논리적인 좌뇌식 독서와 이미지적, 순간적인 우뇌식
독서가 있다. 이 두 가지를 연동시켜 균형 있게 구분해서 쓴다.

독서란 인간에게 가장 고도이자 종합적인 지적 작업 중 하나
다. 따라서 우뇌나 좌뇌 등 어느 한쪽으로 치우치지 말고 양쪽
모두, 다시 말해 대뇌 전체를 잘 연동시켜 종합적으로 움직여야
비로소 고도의 능률적인 독서가 가능하다.

물론 기억 용량은 우뇌 쪽이 훨씬 크다. 이 방대한 잠재능력을
활용하면서 좌뇌의 논리적 사고를 최대한 발휘시킨다.

이 책에서 소개하고 있는 속독법은 논리적인 좌뇌식 독서와,
이미지적이고 순간적인 우뇌식 독서를 모두 균형 있게 연동시
켜, 구분해서 사용할 수 있도록 고안한 것이다.

11

읽는 책을 세 가지 계열로 분류
'3계열 독서법'

매달 50권이나 되는 책을 읽더라도, 책들을 3계열로 나눈다면 깊이 있고 여유로운 독서가 가능하다.

제1계열은 속독 계열이다. 한 권을 단위로 매일 15분, 월 30권 이상을 읽는다.

주로 '많은 책을 읽어 독서 범위를 넓히는 역할'을 한다. 퇴근 하는 길, 눈에 피로가 쌓였을 때는 책이나 잡지 등 어떤 것이라 도 좋으니 15분 속독하고, 그 속에서 한 장의 도표나 사진이라도 중요 정보를 획득했다고 생각한다면 한 권으로 간주한다.

제2계열은 정독 계열이다. 매일 한 시간 이상, 월 10~15권 정 도로, 주로 '독서의 깊이'를 담당한다. 제1계열 중에서 구입한 책이나 평소에 자신의 사상적 기반으로 삼고 싶은 중요한 책을 정독한다.

　정독이라 해도 속독 기술을 이용하면 짧은 시간 내에 다 읽을 수 있고, 책의 종류와 내용에 따라서는 독서 속도를 더욱 높일 수도 있다. 주로 출근길 차 안이나 서재에서 진행한다.

　제3계열은 오디오북 독서 계열이다. 한 달에 5~10권 정도로, 눈이 피로해졌을 때나 도저히 책을 읽을 수 없는 어중간한 시간을 독서 시간으로 변신시킬 수 있는 마법과 같은 방법이다. 출퇴근 시간이나 세면, 입욕 등 눈을 쉬게 하고 싶을 때나 빈 시간을 이용한다. 이 방법은 '독서 시간을 많이, 풍부하게 한다'는 역할을 담당하고 있다. 주로 마음을 풍요롭게 하는 문학 작품 오디오북 등을 활용한다.

　일이나 인생에서 큰 수확을 얻기 위해 받아들이는 지식과 정보는 가로(넓이)×세로(깊이)×폭(풍부함)이 클수록 뛰어난 아웃풋(수확)이 많아진다. 과학 기술의 발전과 함께 각 업계의 지식은 점점 전문화되고, 깊어지고 있다. 얄팍한 지식으로는 도저히 대항할 수 없다. 격동의 경쟁 사회에서 승리하기 위해서는 정보의 넓이와 깊이와 풍부함, 이 3요소가 필요한 것이다. 대 경쟁 시대, 대 공부 시대인 오늘날 이 3계열의 요소가 필요하다.

3계열 독서법이란?

〈제1계열〉

속독으로 읽으며 독서 범위를 넓힌다.

➡ 월 30권 이상

〈제2계열〉

정독으로 내용을 자기 것으로 만든다.

➡ 월 10~15권 이상

〈제3계열〉

오디오북 독서로 마음을 풍요롭게 한다.

➡ 월 5~10권 이상

12
자투리 시간을 철저하게 활용하는
'15분 단위 속독법'

속독을 할 때에는 보통 15분을 한 단위로 하는 것이 좋다. 바쁜 직장인이 독서를 위해 일부러 한두 시간 정도 자유 시간을 확보하기가 쉽지 않기 때문이다.

하지만 아무리 바쁜 사람이라도 15분 정도라면 출퇴근이나 업무 사이사이에 비교적 쉽게 만들 수 있다. 15분도 짬을 내지 못한다면 5분을 세 번 만들어 한 단위로 해도 된다. 이렇게 15분 단위제는 자투리 시간을 많이 만드는 데 효과적이다.

15분 단위제가 좋은 또 다른 이유는 15분이라는 시간이 상당히 집중해서 일을 할 수 있는 최소의 시간 단위이기 때문이다. 장시간 독서에 집중하면 당연히 눈이 피로해질 것이다. 하지만 15분 정도라면 눈도 피로해지지 않고 집중할 수 있다. 15분 독

- '독서는 한두 시간 정도 정해진 시간을 만들어서 하는 것'이라는 선입관을 버린다.
- 15분 정도 남는 시간을 부지런히 이용해서 속독한다.

서를 하고 5분간 휴식을 취하는 식으로 20분을 한 세트로 만들면 한 시간에 3세트를 짤 수가 있다.

세 번째 이점은 단위제이기 때문에 시간 관리가 쉬워진다는 점이다. 오늘의 할당량, 목표는 몇 단위라는 식으로, 시간을 셈하기 쉽게 목표를 설정하면 실적도 측정하기 쉽다. 다시 말해 관리하기가 쉽다. 표로 만들면 구체적인 목표를 세우기 쉬우므로 부디 도입해보길 바란다.

15분 단위제는 독서를 수치화, 과학화하여 독서라는 지적 작업을 쉽게 관리할 수 있도록 돕는다. 15분이라는 것은 일종의 원칙이고, 사람에 따라서는 최저 10분까지를 한 단위로 해도 좋다.

물론 관리한다고 해도 유연성을 갖는 것이 중요하다. 이렇게 유연하게 관리하면 피곤할 때에는 억지로 하지 않아도 되기 때문에 오래 지속할 수가 있다.

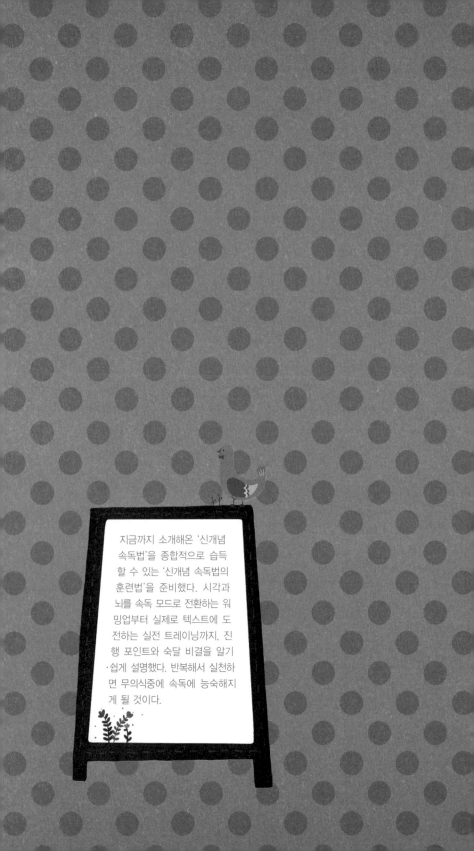

지금까지 소개해온 '신개념 속독법'을 종합적으로 습득할 수 있는 '신개념 속독법의 훈련법'을 준비했다. 시각과 뇌를 속독 모드로 전환하는 워밍업부터 실제로 텍스트에 도전하는 실전 트레이닝까지, 진행 포인트와 숙달 비결을 알기 쉽게 설명했다. 반복해서 실천하면 무의식중에 속독에 능숙해지게 될 것이다.

chapter *4*

실전에 바로 응용할 수 있는
속독 트레이닝

01

훈련 전의 자기 진단
자신의 독서 속도를 측정해보자

우선 당신의 현재 독서 속도를 파악해야 한다. 속독이 아니라 평범하게 내용을 이해하면서 읽어도 상관없다. 비교적 내용이 쉽고, 본인이 읽고 싶은 책을 준비하여 읽으면서 시간을 잰다. 덧붙여 시간을 측정하기 위한 스톱워치나 초침이 있는 시계도 준비해둔다.

또 독서에 집중하기 위해 미리 "시작!"과 "끝!"이라는 말을 직접 녹음해둔 다음 그 간격을 1분간, 3분간, 5분간으로 설정해 타이머로 활용해도 좋다.

이렇게 시간을 재며 책을 읽은 다음에는 분속(독서 속도)을 계산한다. 읽는 데 걸린 시간을 일단 초로 환산한 다음 읽은 부분의 총자수를 소요 시간(초)으로 나누면 초속이 나온다. 이것에

독서 속도 결과 기록표

※ 참조용으로 작성. 실제로 사용할 때는 각자 작성하길 바란다.

NO	날짜	1분당 독서 속도	이해도 *	속독기술	비고
1	8/12	1360	60%	스키밍	시야가 넓어지기 시작했다.
2					
3					
4					
5					
6					
7					
8					
9					
10					
11					
12					
13					
14					
15					

주) * 이해도의 자기 평가 기준.
　　[20%] 책의 이미지를 알 수 있다.
　　[40%] 책의 줄거리를 알 수 있다.
　　[60%] 키워드나 주제의 개념을 알 수 있다.
　　[80%] 책의 내용, 논리, 저자의 주장을 알 수 있다.

● 트레이닝 전의 일반적인 독서 속도(분속)의 분포

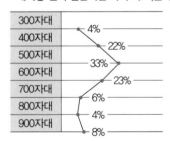

300자대	4%
400자대	22%
500자대	33%
600자대	23%
700자대	6%
800자대	4%
900자대	8%

※ 사토 야스마사, 쓰쿠바 대학
　 명예 교수의 조사 연구 결과.

60을 곱하면 분속이 나온다.

식으로 만들면,

> 독서 속도(분속) = [총자수÷독서 소요 시간(초)]×60

마지막으로 문장의 총자수를 산출한다. 총 문자수는 보통 다음과 같이 계산한다.

페이지당 자수를 산출하는 경우에는 한 자 한 자 세려면 시간이 많이 걸리므로, 행이 긴 곳의 자수를 세고 여기에 행수를 곱하면 페이지당 자수가 된다.

다 읽었으면 위의 도표와 같이 독서 속도 결과 기록표에 결과를 기입한다. 이는 이후의 진도를 파악하는 데 도움이 된다.

타이머를 3분으로 설정한 다음, 3분이 지나면 얼마나 읽었는지를 기록한다.

그러면 준비, 시작!

02

기초 트레이닝 ①

안근을 단련하는 '시력 회복 훈련'

지금부터 시작하는 훈련은 당신의 시각이나 뇌를 속독에 익숙해지도록 하기 위한 워밍업 훈련이다. 속독을 위해 유연성이나 기초력을 양성하는 체조와 같다고 생각하면 될 것이다.

우선은 시력 회복 훈련부터 시작한다.

방법은 매우 간단하다. 근거리(눈앞의 책 등), 중거리(벽에 걸린 액자 등), 원거리(창밖 풍경 등)를 교대로 보기만 하면 된다. 이를 1~3분간 계속한다.

간단하지만 이 훈련을 계속하면 눈에서 렌즈 두께를 조절하는 안근이 단련되어 재빠르게 원근 초점을 맞출 수 있게 된다. 또한 이 훈련은 눈 체조도 되어 눈의 피로도 풀어준다. 책을 읽다가 눈이 피로해졌을 때 응용할 수 있다.

독서 속도 참고표(한 페이지당 자수)

글밀도 페이지수	사륙판 25자×22줄	글밀도 페이지수	사륙판 25자×22줄	글밀도 페이지수	사륙판 25자×22줄
1	550	11	6,050	21	11,550
2	1,100	12	6,600	22	12,100
3	1,650	13	7,150	23	12,650
4	2,200	14	7,700	24	13,200
5	2,750	15	8,250	25	13,750
6	3,300	16	8,800	26	14,300
7	3,850	17	9,350	27	14,850
8	4,400	18	9,900	28	15,400
9	4,950	19	10,450	29	15,950
10	5,500	20	11,000	30	16,500

덧붙여 앞에서 소개한 대로 자수를 산출하는 것이 귀찮은 사람을 위해 대략적인 자수를 표로 나타내었다.

이 표에는 일반적인 단행본 사이즈인 사륙판의 경우(한 줄 25자×22줄)를 예로 들었다. 이 표를 참고하여 계산하길 바란다.

03

페이지를 한눈에 볼 수 있는
'시야 확대 훈련'

시력 회복 훈련에 이은 기초 훈련이 바로 한눈에 볼 수 있는 글자의 범위를 확대하는 훈련이다. 다음의 그림처럼 한눈에 볼 수 있는 시야를 차츰 확대해가면 된다. 이를 1~3분간 지속한다.

가운데에 있는 검은 점을 보고 1초나 0.5초 간격으로 리듬을 타면서 그 바깥에 있는 원이나 그 원 전체를 볼 수 있게끔 시야를 확대하도록 노력한다. 마찬가지로, 바깥쪽 원으로 시야를 확대한다. 가장 바깥에 있는 원까지 확대하면 처음으로 돌아간다.

이는 시계를 확대하여 책 구석구석까지 시야에 담고, 그 속에 있는 중요 정보, 키워드, 색다른 정보 등을 발견하기 위한 기초 훈련이다.

04

가로쓰기 문장에는
'좌우 시폭 확대 훈련'

좌우 시폭 확대 훈련은 일반적인 가로쓰기 책에 익숙해지는 속독 트레이닝이다.

가로쓰기 책의 전체를 순식간에 파악할 수 있도록 시야를 확대해간다(1~3분간 계속한다).

우선은 뒤에 나오는 그림을 보길 바란다. 트레이닝 방법은 앞 페이지의 훈련과 마찬가지로, ①에서 화살표를 따라 시점을 이동시켜 좌우를 한눈에 볼 수 있는 시야를 확대시킨다.

처음에는 눈을 움직이지 않으면 시점을 이동시키지 못할지도 모르겠지만, 익숙해지면 전 페이지를 시계에 넣고 시각 의식만을 이동시킬 수 있게 된다.

05

기초 트레이닝 ④

두 페이지를 한눈에
'전방위 시야 확대 훈련'

시점을 상하, 좌우로 자유롭게 이동, 안근의 유연성을 키워 마주보는 두 페이지에 있는 정보를 파악할 수 있도록 하는 훈련이다.

뒤의 그림을 보길 바란다. 화살표를 따라 ①부터 번호순으로 리듬을 타면서 가능한 한 빨리 시점을 이동, 정지를 반복한다. 다음으로 화살표와 반대 방향으로 거꾸로 움직여본다. 트레이닝 시간은 1~3분이 적당하다.

점점 익숙해지면 도형 전체를 시야에 넣고, 시각 의식만을 이동하여 정지할 수 있도록 한다. 그러면 눈은 거의 움직이지 않으면서 시점 의식만이 자유롭게 이동할 수 있게 된다. 이를 통해 책의 인지 속도는 급속히 빨라진다.

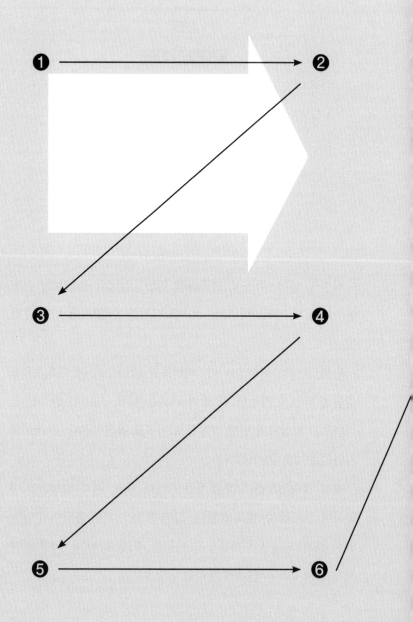

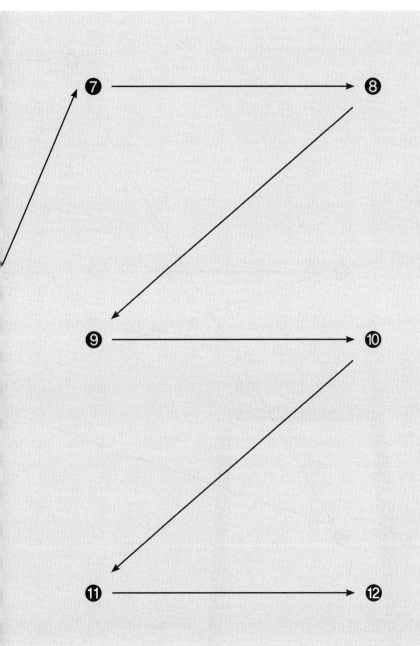

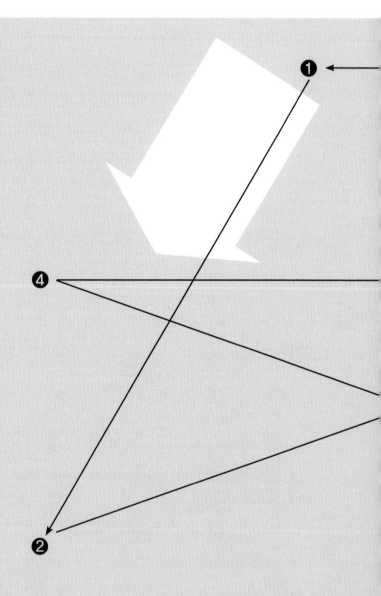

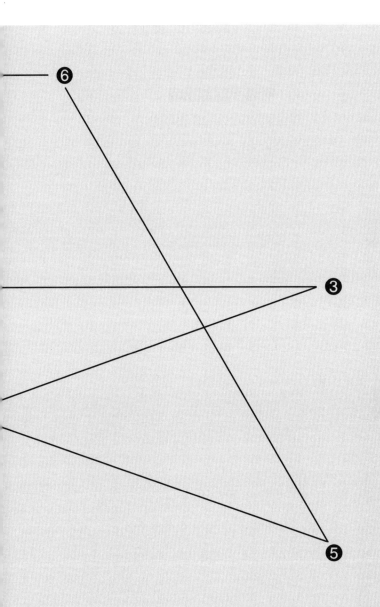

06

속독 능력을 깨워주는
'한 번에 여러 줄 읽기 훈련'

기초 훈련이 끝났다면 실전 응용 훈련으로 들어가자. 지금부터 시작하는 훈련은 이 책에서 소개해온 다양한 속독 기술을 실제로 독서에 응용, 완전히 자기 것으로 만들기 위한 트레이닝이다.

우선은 한 줄에서 여러 줄을 한꺼번에 읽는 트레이닝을 시작한다. 한 자씩, 글자를 따라 읽는 습관이 밴 사람이 한 번에 한 줄에서 두 줄씩 읽으려고 하면 처음에는 내용도 이해가 되지 않고, 당혹스러운 경우가 많이 생길지도 모른다.

하지만 걱정할 필요는 없다. 자신의 잠재 능력을 믿고 계속 읽으면서 훈련을 지속하면 된다. 그러면 잠재 능력이 눈을 뜨기 시작하여 점점 한 줄이나 여러 줄을 이해하면서 읽을 수 있게 된다.

훈련 방법은 다음과 같이 한다.

● 첫 번째

① 텍스트(자신이 읽고 싶은 책)를 편다.

② 평소처럼 글자를 따라 내용을 이해하면서 읽는다(3분간).

③ 독서 속도를 독서 속도 결과 기록표에 기입한다.

● 두 번째

① 마찬가지로 한 번에 한 줄씩 읽는다. 이번에는 아까처럼 내용을 이해하지 않아도 된다(3분간).

② 독서 속도를 독서 속도 결과 기록표에 기입한다.

● 세 번째

① 내용을 이해하지 않아도 좋으니 한 번에 2줄씩 읽는다 (3분간).

② 독서 속도를 독서 속도 결과 기록표에 기입한다.

한 걸음 쉬어가기

테크닉에 치우치지 말 것

이 책에서 소개하는 속독법은 기술 습득과, 이를 활용한 전문 분야의 지식 축적을 목적으로 한다. 이 두 요소가 톱니바퀴처럼 동시에 작용함으로써 속독 실력이 느는 것이다. 그러므로 단순히 몇 가지 속독 테크닉을 배웠다고 해서 독서 속도와 이해력이 비약적으로 좋아진다고 착각해서는 안 된다. 속독 기술 습득뿐 아니라 그 기술을 독서에 응용하고, 전문 분야의 지식을 축적·확장해야 비로소 진정한 속독법을 익혔다고 할 수 있다.

● 네 번째

① 내용을 이해하지 않아도 좋으니 한 번에 한 패러그래프씩 읽는다(3분간).

② 독서 속도를 독서 속도 결과 기록표에 기입한다.

위의 4가지 트레이닝을 한 단위로 생각하고, 숙달될 때까지 몇 번이고 반복 연습하면 어느 사이엔가 첫 번째 훈련, 즉 내용을 이해하면서 읽는 속도가 빨라지고 있다는 사실을 깨닫게 될 것이다.

또한 이 훈련을 할 때에는 녹음기를 이용하면 편리하다. 녹음기와 테이프를 준비한 뒤 거기에 다음과 같이 녹음해두면 좋다.

"첫 번째. 내용을 이해하면서 글자를 따라 읽는다. 시작!" 시계로 3분을 잰다. "끝!"

"두 번째. 내용을 이해하지 않아도 좋으니 한 번에 한 줄씩 읽는다. 시작!" 시계로 3분을 잰다. "끝!" 이런 식으로 계속 녹음한다.

4단계 1단위 '한 번에 여러 줄 읽기 트레이닝'

첫 번째 (3분간)

한 번에 1줄 읽기
• 내용을 이해하면서 평소에 읽던 것처럼 읽는다. • 독서 속도를 결과 기록표에 기입.

두 번째 (3분간)

한 번에 1줄 읽기
• 내용을 이해하지 않아도 좋으니 최고 속도로 읽어나간다. • 독서 속도를 결과 기록표에 기입.

세 번째 (3분간)

한 번에 2줄 읽기
• 내용을 이해하지 않아도 좋으니 최고 속도로 읽어나간다. • 독서 속도를 결과 기록표에 기입.

네 번째 (3분간)

한 번에 1패러그래프 읽기 (3~4줄)
• 내용을 이해하지 않아도 좋으니 최고 속도로 읽어나간다. • 독서 속도를 결과 기록표에 기입.

반복

실전 응용 트레이닝 ②

속독력을 향상시키는
'4단계 1단위제 훈련'

지금부터 설명할 훈련을 하게 되면 무의식중에 내용을 이해하면서도 빨리 책을 읽을 수 있게 된다. 왜냐하면 잠재의식은 빨리 읽는 것을, 지금까지 늦게 읽었던 방식과 똑같다고 착각해버리기 때문이다.

상당히 효과적인 훈련법으로, 많은 훈련생이 이를 통해 큰 성과를 올렸다.

구체적인 훈련법은 다음과 같다. 우선 1분을 4회(4단계) 반복하는 합계 4분간의 훈련인데, 각 1분마다 훈련 기록표에 독서 속도를 기입해야 한다.

① 첫 1분 동안은 이해할 수 있는 최고 속도로 읽는다.

② 다음 1분 동안은 첫 번째보다 2배로 빠르게 읽는다. 이때

이해력은 중요하지 않다.

③ 세 번째의 1분 동안은 속도를 3배로 해서 읽는다. 내용을 이해할 필요는 없다.

④ 네 번째의 1분 동안은 내용을 이해하면서 최고 이해 속도로 읽는다. 다시 말해 첫 번째와 같은 방법으로 읽는다.

그러면 예상치 못한 일이 발생한다. 네 번째의 독서 시간을 측정해보면 세 번째보다는 늦지만, 내용을 이해하면서 읽었던 첫 번째보다는 빨라졌을 것이다. 이해력을 동반한 독서 속도가 10퍼센트 정도 빨라졌다는 사실을 깨달을 수 있을 것이다.

가령 첫 번째에 300자를 읽었다면 두 번째에는 내용을 이해하지 않고 그 2배인 600자를 읽도록 한다. 세 번째에도 내용을 이해하지 않고 그 3배인 900자를 읽는다.

그리고 네 번째에 내용을 이해하면서 읽으면 첫 번째에서 10퍼센트 향상된 330자를 소화할 수 있게 된다.

이것으로 첫 번째 단위의 훈련이 끝난다. 계속해서 두 번째 단위의 훈련으로 들어간다. 첫 번째는 330자에서 시작한다.

두 번째의 1분은 그 2배의 속도, 세 번째의 1분은 그 3배의 속도로 읽는다. 그리고 네 번째에 내용을 이해하면서 읽으면 330×1.1(10퍼센트 향상)이 될 것이다.

이후, 세 번째 단위 이하의 훈련도 마찬가지로 반복하면 첫 번째는 전 단계에서 10퍼센트 향상된 속도로 읽을 수 있다.

이 훈련을 반복하면 저도 모르는 사이에 한 단위마다 10퍼센트씩, 이해할 수 있는 독서 속도를 상승시킬 수 있게 된다.

물론 계산대로 정확하게 빨라지는 것은 아니다. 과거의 습관을 떠올려서 원래 읽던 습관으로 돌아가는 경우도 있다. 하지만 지금까지의 오랜 습관을 잊고, 읽는 행위 그 자체에 의식을 집중하면 확실하게 내용을 이해하면서 빨리 읽을 수 있게 된다. 또한 텍스트는 자신이 읽고 싶은 것으로 고른다.

이 훈련도 내용을 녹음하면 진행하기가 쉽다.

① "첫 번째. 1분 동안 내용을 이해하면서 최고 속도로 읽으시오. 시작!" (1분 동안 공백을 둔다) …… "끝!"

② "두 번째. 1분 동안 처음보다 2배 빠르게 읽으시오. 시작!" (1분 동안 공백을 둔다) …… "끝!"

③ "세 번째. 1분 동안 처음보다 3배 빠르게 읽으시오. 시작!" (1분 동안 공백을 둔다) …… "끝!"

④ "네 번째. 1분 동안 내용을 이해하면서 최고 속도로 읽으시오. 시작!" (1분 동안 공백을 둔다) …… "끝!"

이런 식으로 4분을 잇달아서 4회 녹음한다. 다시 말해 4분×4회의 16분짜리 음원이 완성된다.

며칠 동안에 독서 속도를 4분의 1정도씩, 제1단계의 속도를 올려가면 좋을 것이다.

비결 ❶

첫 번째 1분이 끝났을 때 재빨리 두 번째, 세 번째의 1분 동안 읽을 목표 자수를 텍스트에 적어 둘 것. 다시 말해, 첫 번째에 읽었던 페이지의 2배를 두 번째의 1분 동안에 읽고, 첫 번째에 읽었던 페이지의 3배를 세 번째의 1분 동안에 읽는다고 결심하고, 그 목표 페이지를 책에 적어 두는 것이다.

비결 ❷

첫 번째 1분은 내용을 충분히 이해하면서 읽지만, 두 번째와 세 번째 1분 동안은 내용에는 신경 쓰지 말고, 오히려 목표 페이지까지 읽는 데 의식을 집중한다.

비결 ❸

두 번째 1분 중 전반의 30초 동안에 첫 번째의 1분 동안에 읽었던 페이지를 다 읽고, 후반의 30초 동안 같은 양을 읽는다고 생각하면 목표를 달성하기가 쉽다. 마찬가지로, 세 번째의 1분 중 처음 20초 동안에 첫 번째의 1분 동안 읽었던 페이지를 달성하고, 남은 40초를 둘로 나눠 각각 첫 번째에 읽었던 페이지수를 달성하도록 기준을 삼으면 좋다.

비결 ❹

이 훈련을 할 때 뒷줄부터 읽는 방법을 시험해보면 좋다. 평소에 읽는 방향과 반대로 뒤에서부터 읽는 것이다. 거꾸로 읽을 수 있게 되면 독서 속도는 틀림없이 비약적으로 향상된다. 만약에 전혀 이해할 수 없게 되는 경우에는 첫 번째의 독서 속도를 이해 가능한 수준으로 되돌린다.

비결 ❺

많은 이들이 어떤 정보나 단어를 빠트리지는 않을지 걱정하면서 책을 읽기 때문에 독서 속도가 느려진다. 빨리 읽을 수 있는 잠재능력이 있음에도 걱정이 이를 이기는 것이다. 초등학생이 공포로 인해 뜀틀을 넘지 못하는 것과 같은 심리다. 하지만 "뛰어넘을 수 있다"고 생각하면 의외로 높은 뜀틀도 뛰어넘을 수 있게 된다.

비결 ❻

이 속독 훈련은 독서 속도를 서서히 올려가기 때문에 내용을 확실하게 이해하는 것이 좀처럼 쉽지 않다. 이럴 때에는 두 번째, 세 번째의 1분 동안은 앞서 소개한 '메인 아이디어법'을 이용하면 좋다. '1 패러그래프, 1 메인 아이디어'의 원칙을 이용, 메인 아이디어가 있는 부분은 비교적 속도를 늦춰서 읽고, 남은 시간 동안에 속도를 올려 읽으면 이해력이 향상된다.

08

실전 응용 트레이닝 ③

실제 속독에 도전하는
'스키마법'

앞서 소개한 스키마법을 이용해서 실제로 빨리 읽는 훈련을 해보자. 스키마법은 일반적으로 책에는 가장 중요한 요소가 2가지 들어 있다고 생각하는 속독법이다. 하나는 '콘셉트', 다른 하나는 '정의(확실한 고유 명사 등)'다.

콘셉트란 저자가 독자에게 알려주고자 하는 법칙이나 아이디어 등을 의미하고, 정의는 사람 이름이나 지명, 날짜, 장소 등을 가리킨다.

예를 들어 저자가 "긍정적인 사고는 그 사람에게 성공을 가져다준다"는 콘셉트를 독자에게 전하고 싶은 경우에는 몇 줄로 된 짧은 콘셉트에 살을 붙여 독자가 알기 쉽도록 구체적으로 설명하게 된다. 콘셉트에 따라 A라는 청년이 여러 가지 고난을 만나 좌절하고, 그러는 동안에 긍정적인 사고를 습득, 성공한다고 말하는 식이다.

이 경우에 당신은 콘셉트, 즉 스키마를 이미 갖고 있기 때문에 이런 예화가 나오면 과감하게 속도를 올릴 수 있다. 일일이 단어들을 좇아 엄밀하게 읽어갈 필요는 없다. 앞에서 설명한 것 같은 기본 콘셉트가 나오는 부분에서만 속도를 떨어트리면 된다.

저자란 존재는 책을 쓸 때 머릿속에 몇 페이지의 아우트라인을 그려넣고, 그 아우트라인을 중심으로 이백 몇 십 페이지짜리 책을 완성하는 것이다. 몇 페이지 정도 되는 주요 아우트라인을 속도를 낮춰도 좋으니 확실하게 파악해두면 남은 몇 백 페이지는 가능한 한 속도를 많이 올려서 읽으면 된다. 예화나 예제, 혹은 아우트라인을 알기 쉽게 해설한 부분이기 때문이다.

스키마법의 실습

콘셉트 정의

자신이 읽고 싶은 책을 텍스트로 선정, 아우트라인이나 콘셉트가 있는 부분은 속도를 떨어트려서 잘 이해하고, 그 이외의 예화 등은 속도를 올려 3분 혹은 5분 동안 읽어본다.
그리고 그 분속을 기록해서 자신의 평소 기록(프리 테스트 결과표 참조)과 비교해본다. 내용을 깊이 이해하면서 독서 속도는 상당히 빨라져 있을 것이다.

다시 말해 중요도나 필요도에 따라 독서 속도를 조절하는 것, 중요하고 필요한 정보를 만나면 속도를 떨어트려서 잘 이해하고, 그 밖의 예제나 해설, 예화 등에서 속도 향상을 꾀하는 것이 스키마법을 활용한 올바른 속독법이다.

09

실전 응용 트레이닝 ④

슈퍼 속독법
'한 권 10분 속독 훈련'

지금까지의 설명을 마음에 담고, 다음 연습 문제에 도전해 보자.

텍스트는 당신이 읽고 싶은 책, 특히 논픽션이 좋다. 이런 책을 하나 골라 내용 이해는 신경 쓰지 말고 10분 안에 한 권을 다 읽는다. 10분을 넘어서는 안 된다. 다시 말해 한 페이지를 읽는 데 걸리는 시간은 평균 2초에서 5초 이내여야 한다.

훈련 초기에는 가령 10분 동안에 읽었다고 해도 문장의 의미를 잘 이해할 수 없어 당황스러울지도 모른다. 하지만 앞에서부터 착실하게 훈련을 거듭해왔다면 적어도 다음과 같은 상당량의 정보를 10분 동안에 얻을 수 있을 터이므로 확인해보길 바란다.

우선 표지에 담긴 중요 정보, 표제어, 도표에서는 어떤 정보를

슈퍼 속독 중에 확인할 항목

- 표지에 담긴 중요 정보는 무엇인가?
- 표제어, 도표에서 얻을 수 있는 정보는 무엇인가?
- 책의 어느 부분에 어떤 정보가 숨어 있는가?
- 나에게 흥미로운 정보인가?
- 읽기 쉬운가, 읽기 어려운가?
- 전체적인 흐름 속에서 가장 중요한 부분은 어디인가?
- 중요한 부분의 개요는 무엇인가?
- 자신의 귀중한 시간을 그 책에 투자할 가치가 있는가?
- 책의 구성은 어떻게 되어 있나?
- 각 장에 어떤 내용이 적혀 있나?
- 저자의 목적은 무엇인가?
- 특히 중요한 부분은 테두리나 마크로 둘러싸여 있는가?

한 권
10분 속독!!

얻을 수 있었는지를 확인하자. 여기서 책의 어느 부분에 어떤 정보가 숨어 있는지를 살핀다. 그리고 이것이 자신에게 흥미로운 정보인가, 혹은 읽기 쉬운가, 읽기 어려운가(난이도)를 확인한다.

나아가서는 전체적인 흐름 속에서 가장 중요한 부분은 어디이며, 그 개요는 무엇인지까지를 파악하자. 여기까지 하면 자신의 귀중한 시간을 그 책에 투자할 가치가 있는지 어떤지도 알게 된다.

가치가 있다면 "책의 구성은? 각 장에 어떤 이야기가 적혀 있나? 저자의 목적은? 특히 중요한 부분은 테두리나 마크로 표시되어 있는가 어떤가? 문장 길이는?……" 등등의 항목을 확인하자.

그러면 한 권을 10분 동안에 읽는 훈련. 준비, 시작!

10

'전문서 3단계 마스터 훈련'에서
'한 달 20~50권 독파 훈련'으로

드디어 마무리 훈련이다. 우선은 전문서 3단계 마스터 훈련부터 시작하자.

① 당신이 읽고 싶은 전문서를 한 권 골라 텍스트로 삼는다.

② 앞서 설명한 3단계 마스터법에 따라 속독한다. 총 시간은 1시간이다.

③ 제1단계로 5분 동안 이 책 전체를 단시간에 스키밍해서 구성을 파악한다.

④ 제2단계로 10분 동안 가장 빠른 이해 속도로 속독하고, 필요한 부분에 밑줄을 긋거나 별표(＊)를 표시한다.

⑤ 제3단계로 45분 동안 밑줄이나 별표(＊)를 한 중요 부분을 학습한다.

보통은 시간을 제1단계와 제2단계에 10(이상적)~20퍼센트, 제3단계에 80~90(이상적)퍼센트를 배분한다고 생각하면 된다. 특히 제3단계의 기억, 학습, 고찰, 기획 등의 두뇌 훈련 및 학습에 대부분의 시간을 투자한다.

그리고 속독 훈련을 총 정리하는 의미로, 각 속독 기법을 구사해서 월 20~50권의 책을 읽는 데 도전해보길 바란다.

좀처럼 만족할 수 있는 수준에 도달하지 못하는 사람은 자신 있는 기술을 구사해서 자신의 장점을 더욱 키우는 동시에 약한 기술을 다시 훈련하면 좋을 것이다. 이 프로세스로 납득할 수 있는 성과를 올렸다면 당신의 속독은 본격 속독의 영역으로 들어왔다고 해도 좋다.

전문서 3단계 마스터 훈련

〈제1단계〉
선택한 전문서 전체를 5분 동안 스키밍한다.

〈제2단계〉
10분 동안 가장 빠른 속도로 속독하고, 필요 부분을 표시한다.

〈제3단계〉
45분 동안 표시한 중요 부분에 대해서 깊이 학습한다.

최종 훈련
월 20~50권을 속독하는 것에 도전!

월 50권,
힘내자!

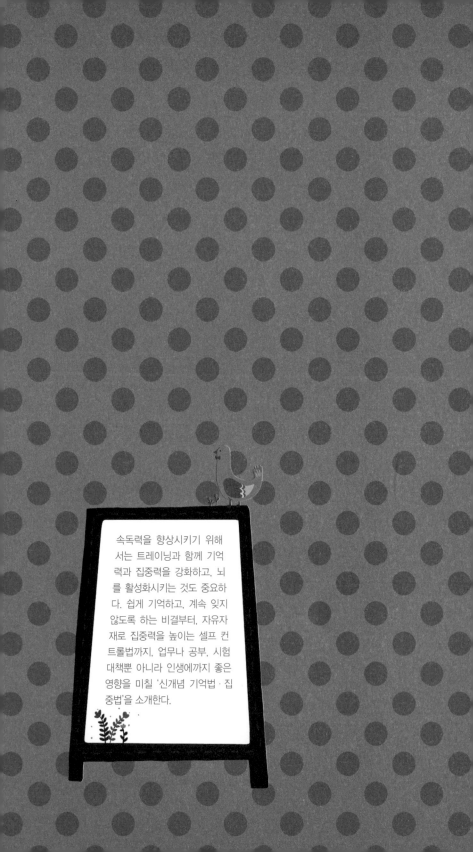

속독력을 향상시키기 위해
서는 트레이닝과 함께 기억
력과 집중력을 강화하고, 뇌
를 활성화시키는 것도 중요하
다. 쉽게 기억하고, 계속 잊지
않도록 하는 비결부터, 자유자
재로 집중력을 높이는 셀프 컨
트롤법까지, 업무나 공부, 시험
대책뿐 아니라 인생에까지 좋은
영향을 미칠 '신개념 기억법·집
중법'을 소개한다.

chapter 5

뇌력을 키워주는
기억력과 집중력 강화법

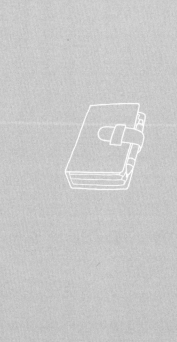

01

기억력이 비약적으로 향상되는
'우뇌 이미지 기억법'

우뇌를 활용한 속독법 중에 이미지를 활용하는 독서법이 있다. 책을 읽을 때 그저 글자를 읽는 것이 아니라, 이미지를 활용해서 책 속의 세계로 뛰어드는 것이다. 이 속독법을 이용하면 기억력이 비약적으로 좋아진다.

≪삼국지≫를 예를 들어보자. 독자가 유비, 관우, 장비가 되어 격변하는 시대 속으로 들어가는 것이다. 음모가 판을 치고 목숨이 걸린 상황에서 나는 어떤 선택을 해야 하는가? 누가 적이고 아군인가? 전쟁의 판세는 어떻게 될 것인가?

이때 시각적 이미지뿐 아니라 냄새나 소리, 더위와 추위 등 후각이나 청각, 촉각 등의 감각 이미지를 총동원하면 더욱 효과적이다.

그러면 마치 자신이 한 번 갔던 적이 있는 땅이나 만난 적 있는 인물을 이미지로 떠올릴 수 있듯이, 일단 감성 이미지에 의해 보관되었던 기억을 나중에 언제든지 자연스럽게 떠올릴 수 있게 된다.

이 속독법을 응용하여, 이미지에 지식을 연결시켜 기억을 떠올리는 방법이 있다. 이는 원래 서양 문명과 학문의 발상지인 고대 그리스 원로원에서 응용되었던 것이다. 원로원에서는 메모를 보고 연설을 해서는 안 된다는 규칙이 있었기 때문에, 원로의원들이 궁리 끝에 개발한 방법이라고 한다. 바로 자신의 몸 위쪽에서부터 번호를 매겨, 신체 각 부분에 하나씩 정보를 부착시켜가는 방법이다.

예를 들어 1번을 머리카락으로 하고, 2번은 머리, 3번은 코, 4번은 입, 5번은 귀, 6번은 뺨, 7번은 목, 8번은 어깨, 9번은 팔, 10번은 손가락으로 하는 식이다. 다음으로 번호를 매긴 신체 각 부분에 자신이 기억하고 싶은 정보를 연결시킨다. 이렇게 해서 온몸을 이미지로 만드는 것이다.

한 걸음 쉬어가기

속독은 기억에 도움이 된다 ①

속독 기술을 부정적으로 생각하는 사람은 "책을 아무리 빨리 읽을 수 있더라도 내용을 기억하지 못한다면 소용없다"고 지적한다. 확실히 그 속독법이 잘못된 것이라면 이 지적은 타당하다. 하지만 책을 빨리 읽으면 내용을 기억하지 못한다고 처음부터 단정 짓는 것은 혼자만의 생각에 지나지 않는다.

몸은 말할 필요도 없이 항상 자신과 떨어지지 않고 함께 행동하는 존재다. 시험을 볼 때도, 연설을 할 때도, 비즈니스 상담을 할 때도, 모든 장소에 반드시 따라오는 존재이므로 실로 강력한 휴대 무기가 아닐 수 없다.

실제로 그리스 원로원에서는 기억의 실마리가 없어 불과 몇 분 만에 끝났던 연설이 이 기억법을 사용하고 나서는 길어졌다고 한다.

이 기억법을 쓸 때는 스스로도 이상하다고 생각할 정도로 과장된 이미지를 만들면 기억이 보다 강렬하게 남는다.

우뇌 이미지 기억법이란?

책을 읽을 때 이미지를 활용해서 책 속에 펼쳐진 세계로 뛰어드는 독서법

[연습] 우뇌 이미지 기억법의 파워를 증명하는 이미지 페그(peg)법
※ 이미지 페그법에서 '페그'란 달러 연동제(달러 페그)처럼 이미지를
연동시키는 방법을 이른다.

[방법] 다음에 제시하는 신체 각 부분에 번호를 매기고, 그 각각의
번호에 동물 이름을 분배해 이미지를 생생하게 떠올려본다.

❶ 머리카락 ―"뱀이 달라붙어 있다."
❷ 머리 ―"비둘기가 머리를 쪼고 있다."
❸ 코 ―"늑대가 물고 있다."
❹ 입 ―"벌레가 들어오려 하고 있다."
❺ 귀 ―"곰이 커다란 입으로 깨물려 하고 있다."
❻ 뺨 ―"모기가 콕 찌르고 있다."
❼ 목 ―"여우가 목도리가 되어 달라붙어 있다."
❽ 어깨 ―"고릴라가 잡고 있다."
❾ 팔 ―"개가 물고 있다."
❿ 손가락 ―"목도리 도마뱀이 깨물고 있다."

이상을 생생하게 상상한 다음 1번부터 10번까지의 동물을 말한다.

어떤가? 아무 상관도 없는 동물이 번호 순서대로 생각나는 것에
놀라지는 않았는가? 이미지는 가능한 한 기발하게, 이상하게, 말도 안
되게 발상하는 쪽이 확실하게 기억할 수 있고, 떠올리기도 쉽다.

02

귀에 익지 않는 용어도 쉽게 외울 수 있는 '허밍 기억법'

이 책에서 여러 번 소개한 버그에게는 다음과 같은 에피소드가 있다. 서문에서도 약간 언급했지만, 버그가 대학생이었던 때의 이야기다.

젊은 버그는 평범한 대학생이라면 한 과목을 이수하는 것이 고작이라는 전공과목을 세 과목 수강하려는 의욕에 불타오르고 있었다. 그가 선택한 과목은 심리학에 생물학, 그리고 교육학이었다.

하지만 세 과목 모두 합격하기 위해서는 엄청난 공부 시간이 필요했다. 게다가 그는 이미 학비를 마련하기 위해 아르바이트를 세 개나 하고 있었다. 따라서 다른 학생이 자유롭게 즐길 때도 그는 공부나 아르바이트를 하지 않을 수 없었다. 다른 학생이

즐거운 시간을 보내는 토요일 밤에도 예외 없이 그는 공부를 하지 않으면 안 되었다.

이는 상당히 무미건조하고 우울한 일이다. 하지만 그는 이 토요일 밤에 새로운 공부법을 생각해낸다. 바로 무미건조한 생물학 기술 용어를 효과적으로 암기하는 방법이었다.

버그는 이런 용어를 외우는 데 음악을 이용하면 좋겠다고 생각했다. 그는 너무나 좋아하는 뮤지컬 〈웨스트사이드 스토리〉에 삽입된 마리아의 곡에 반드시 기억해야 하지만 어려운 생물학 단어를 끼워넣고 허밍해보았다.

그 순간 무미건조한 공부 시간이 유쾌한 창조적 시간으로 변했다고 버그는 말한다. 머릿속이 활발하게 움직이기 시작하여 딱딱한 정보가 머릿속에 술술 들어가는 것처럼 느껴졌다고 한다.

그 후 버그는 좋아하는 노래 속에 단어를 끼워넣는 것뿐 아니라 새로운 방법을 시도한다. 스스로 짧은 곡이나 시를 만들어 거

한 걸음 쉬어가기

속독은 기억에 도움이 된다 ②

인간의 대뇌는 방대한 잠재적 기억력을 갖고 있다. 특히 우뇌의 기억 용량은 좌뇌보다 훨씬 크다. 예를 들어 경치 같은 것은 순식간에 우뇌의 이미지 능력으로 기억해버린다. 그 풍경을 좌뇌를 사용해 문장으로 적으면 수십 페이지에 달할 것이다. 인간이 기억력이 나쁘다고 생각하는 것은 잠재능력을 충분히 끌어내지 않았기 때문이다. 잠재능력을 끌어내면 기억력은 좋아진다. 이는 속독에도 해당되는 이야기다.

기에 단어를 집어넣는 것도 효과적임을 깨달은 것이다. 기억하기 위한 곡이나 시의 변주가 늘어나고 있었던 것이다.

이 방법으로 암기를 한 다음 시험을 보니 그 결과가 매우 좋았다. 노래 속에 넣은 단어가 들어간 문제가 출제되어 대부분의 학생이 답하지 못했던 상황에서 버그와 소수의 학생들만이 답을 적을 수 있었다고 한다. 게다가 놀랍게도 이때 외운 단어는 30년 가까이 지난 지금까지도 버그의 기억 속에 선명하게 남아 있다고 한다.

그만큼 음악이나 시는 기억하기 쉽고, 떠올리기도 쉽다. 그리고 무엇보다 기억을 오랫동안 유지하도록 도와준다. 이는 한번 시험해볼 가치가 있는 기억법이 아닐까.

꼭 음악이나 시만 도움이 되는 것은 아니다. 몸 전체로 외우거나, 동작이나 감각과 함께 외우는 것도 효과적이다.

버그가 속독 분야에서 세계 기록을 보유할 정도로 두뇌가 활성화된 것도 그가 흔한 공부법에 만족하지 않았기 때문이다. 기억하는 것 하나에도 몸의 다양한 감각을 활용해서 대뇌를 알맞게 자극했던 것에 그 성공 비결이 있다고 생각해도 틀리지 않다.

버그가 스스로 만들어낸 허밍 기억법은 따분하고 무미건조한 공부를 즐기면서 기억력을 향상시키는, 뛰어난 방법이라고 할 수 있을 것이다.

이를 속독법 트레이닝의 일환으로 채택하지 않을 수 있을까.

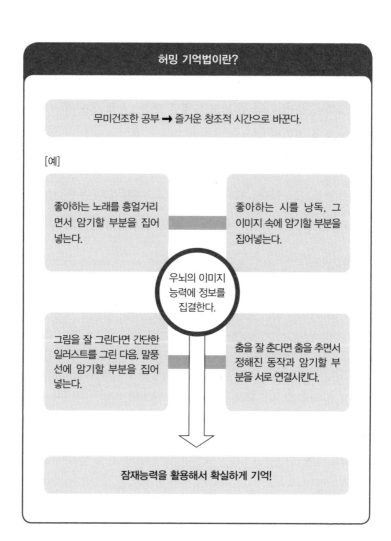

허밍 기억법이란?

무미건조한 공부 ➡ 즐거운 창조적 시간으로 바꾼다.

[예]

좋아하는 노래를 흥얼거리면서 암기할 부분을 집어넣는다.

좋아하는 시를 낭독, 그 이미지 속에 암기할 부분을 집어넣는다.

우뇌의 이미지 능력에 정보를 집결한다.

그림을 잘 그린다면 간단한 일러스트를 그린 다음, 말풍선에 암기할 부분을 집어넣는다.

춤을 잘 춘다면 춤을 추면서 정해진 동작과 암기할 부분을 서로 연결시킨다.

잠재능력을 활용해서 확실하게 기억!

03
관련 없는 단어를 한꺼번에 외우는
'클러스터 암기법'

통계학 중에 클러스터 분석이라는 방법이 있다. 클러스터cluster란 '작은 덩어리'라는 의미다. 예를 들어 한 회사를 계, 과, 부, 사업부와 같이 조직도로 분류함으로써 구조적인 분석을 하기 쉽게 만드는 방법이다.

고교 야구나 월드컵 등 토너먼트 방식의 스포츠 대회에서 조 편성 추첨을 상상하면 이해하기 쉬울 것이다. 조 편성 추첨으로 A조, B조 등으로 나뉘면, "A조에는 강호들이 많다"와 같은 논평을 전개할 수가 있다.

이처럼 개별적으로는 아무런 관계도 없는 각각의 팀을 한 덩어리의 그룹으로 나눔으로써 특징을 파악하는 것이 클러스터 분석이다. 그리고 이를 기억법에 응용한 것이 클러스터 암기법이다. 다시 말해 몇 가지를 한 덩어리로 만듦으로써 뇌가 보다 명쾌하게 암기하기 쉽도록 만드는 방법이다.

예를 들어 서양 사람들은 일곱 가지 무지개색을 'Roy · G · Biv'라고 사람 이름처럼 만들어 순서를 기억한다. Roy의 R은 레드, o는 오렌지, y는 옐로와 같은 식이다. 이렇게 하면 일곱 가지 무지개색의 순서를 따로따로 외울 필요 없이 한 사람의 이름을 기억하기만 하면 되기 때문에 상당히 외우기 쉬워진다.

버그도 이 클러스터 암기법을 활용하고 있다.

그는 생물학의 7대 기능을 외우기 위해 SMMIGRSAC라는 하나의 기묘한 조어를 완성시켰다. 이 한 단어에 생물을 특징을 나타내는 키워드의 7개의 머리글자가 숨어 있다. 이 방법을 활용함으로써 1년 동안 배울 생물학의 중요 단어를 계통적으로 외울 수 있었다고 한다. 잊기 시작했을 때에는 이 단어를 떠올리고 차례대로 단어를 바꿔가면 된다.

한 걸음 쉬어가기

속독은 기억에 도움이된다 ③

맹렬한 속도로 읽어나가는 내용을 뇌는 잠재의식으로 기억하고 있다. 이를 효과적으로 이끌어내기 위한 기억력 증강법을 배우고, 기억하기 쉬운 속독법을 구사함으로써 몇 배나 더 많은 시간을 투자해 책을 읽은 사람과 비슷하거나 그 이상으로 책의 내용을 파악할 수 있다. 이는 속독으로 인해 두뇌가 활성화되기 때문이다. 다시 말해 속독력과 기억력은 서로에게 도움을 주며 함께 향상된다는 것을 의미한다.

클러스터 암기법이란

작은 덩어리(그룹)를 창조함으로써 기억하기 쉽게 만든다.

[방법]
① 조직도를 만들어 세분화하고 캐릭터를 부여한다.
② 이름(인명, 사물, 장소 등)을 부여해서 한데 묶는다.

그룹 전체를 기억

● 실제로 활용되고 있는 클러스터 암기법

무지개 ➡ Roy · G · Biv
사람 이름을 부여함으로써 무지개의 일곱 색을 순서대로 기억할 수 있다.

전화
버튼식 전화의 숫자에 알파벳을 삽입. 번호에 맞춰 단어를 만들면 그 전화번호는 잊히지 않는다.

이렇게 대표적인 키워드의 머리글자를 한데 묶음으로써 기억을 다시 불러올 때 실마리로 삼는 것이 클러스터 암기법이다. 이들 키워드나 스펠링은 독자가 필요한 중요 단어를 스스로 고안해 만들수록 인상이나 기억에 남는다.

중요한 단어를 외울 때 이 클러스터 암기법을 응용해보길 바란다.

시험 대비에 아주 강한
'슈퍼 암기 카드 활용법'

아무리 시험공부를 해도 좀처럼 외울 수가 없다고 탄식하는 사람이 있다. 그리고 기억력이 더 좋았으면 하고 바라는 것이다.

어떻게 하면 기억력을 높일 수 있을까?

기억력이 좋다는 말에는 세 가지 요소가 포함되어 있다. 바로 인지(인풋), 기억 유지(메모리 리텐션), 상기(메모리 리콜) 세 가지다. 이 세 요소가 갖춰지지 않으면 시험 문제의 답을 제대로 떠올릴 수가 없다.

거리를 걷는데 우연히 아는 사람을 만났다. 얼굴은 기억하고 있지만 이름이 생각나지 않는다. 이는 리콜이 되지 않았기 때문이다.

이처럼 시험공부를 하며 필사적으로 인풋을 해도 리콜이나 리텐션이 따라주지 않으면 인풋한 내용을 떠올릴 수가 없으므로 아무 의미가 없다. 이는 동시에 기억 유지와 기억 상기에 신경을 쓰면 시험에서 고득점을 얻을 수 있음을 의미한다.

이럴 때에는 암기 카드를 활용해보자. 반드시 외워야 할 것은 콘셉트(중요 개념)와 중요 정의, 이렇게 두 가지로 압축시킬 수 있다.

뉴턴의 중력의 법칙을 예로 암기 카드 사용법을 생각해보자. '중력을 가진 물체는 서로 끌어당긴다'는 것이 중요 개념인 콘셉트다. 따라서 카드 앞에는 키워드인 '뉴턴의 중력의 법칙'을 적고, 뒤에는 이 콘셉트를 적어둔다.

다음으로 중요 정의는 그 언어의 의미를 나타내는 것이다. 예를 들어 영어로 'brain'은 '뇌'를 의미한다. 그렇다면 카드 앞면에는 키워드, 뒷면에는 그 의미를 적어간다.

참고로 콘셉트에는 문장 속에 직접 포함되어 있는 콘셉트 외에도 암시적인 콘셉트, 비유적인 콘셉트 등이 있다.

영어의 'brain' 하나만 보더라도 몸의 두부頭部에 있는 뇌를 의미하는 경우가 있는가 하면, 어떤 인물을 돕는 지적 지도자나 기획자를 가리키는 경우도 있다. 이를 문맥을 통해 파악하는 것도 잊어서는 안 된다.

이처럼 기억용 카드를 작성했다면 이를 트럼프처럼 섞고, 처음부터 하나씩 넘기면서 내용을 떠올릴 수 있는지 확인한다. 카드 앞면에 적힌 단어를 보고 뒷면에 있는 말을 떠올리지 못한 경우에는 실패라고 간주한다. 그리고 해당 내용을 외울 때까지 소리를 내서 복창하고, 노트 같은 곳에 여러 번 적는다.

성공한 카드는 빼고, 실패한 카드만 남겨서 다시 한 번 반복한다. 이렇게 해서 카드가 전부 없어질 때까지 계속하는 것이 암기 카드 활용법이다.

몇 번씩 반복해서 적는 이유는 눈뿐 아니라 글자를 적는 행위를 통해 손의 신경이라는 운동 영역을 자극할 수 있기 때문이다. 또 소리를 내는 것은 입술이나 혀, 성대를 이용하고, 청각을 활용, 시각과 함께 종합적으로 기억이 유지되기 쉬운 상태로 만드는 효과가 있기 때문이다.

벼락치기로 공부를 해도 매우 선명하게 기억이 유지된다고 주장하는 사람도 있지만, 이래서는 좀처럼 좋은 성적을 얻을 수 없다. 기억을 유지하고, 이를 떠올리기 위해서는 어느 정도의 시간이 필요하기 때문이다.

그러므로 가능한 한 매일 규칙적으로 카드를 만들어 연습해두면 시험이 다가와도 서두를 필요가 없다. 어리석게 허겁지겁 기억했다가 시험지를 받은 다음에 이를 상기시킬 수 없는 낭패는 피하고 싶은 법이다.

한 걸음 쉬어가기

기억의 특성 ①

기억에는 단기 기억, 중기 기억, 장기 기억 등 세 종류가 있다. 이는 인공두뇌라 불리는 컴퓨터도 마찬가지다. 단기 기억이 전자계산기와 같이 계산 하나가 끝나면 백지 상태로 돌아가 관련된 숫자는 잊혀지고, 중기 기억은 일시적으로 축적되는 데 비해 장기 기억은 하드 디스크에 장기간 보존된다.

시험공부에 활용할 수 있는 기억법

● 기억력의 3요소

① 인지(인풋)
이해하고 머릿속에 새긴다.

② 기억 유지(메모리 리텐션)
습득한 지식을 잊지 않도록 한다.

③ 상기(메모리 리콜)
기억한 지식을 떠올린다.

이 세 가지가 갖춰졌을 때 시험공부가 결실을 맺을 수 있다.

〈암기 카드 활용법〉
① 카드 앞면에 외울 키워드, 뒷면에 키워드의 '콘셉트'를 적는다.
② 카드를 섞는다.
③ 처음부터 뒤집으면서 기억했는지를 확인한다.
④ 생각해내지 못하는 경우에는 3~5번 소리를 내면서 복창한다.
⑤ 성공한 카드는 치운다.

몇 번씩 적는 행위 손의 신경을 통해 운동 영역을 자극

소리를 내는 행위 입술이나 혀, 성대, 청각, 눈 등을 통해 종합적으로 기억이 유지되기 쉬운 상태를 만든다.

05
과학적으로 집중력을 강화하는
'사이토식 ED3S 호흡법'

집중력이 높아지면 스스로도 믿기지 않을 만큼 엄청난 능력을 발휘하게 된다. 가령 불이 났을 때에는 자신보다도 무거운 옷장을 무의식중에 짊어 나르는 등 엄청난 힘을 쓸 수 있다고 한다. 교통사고가 났을 때 차에 깔린 아이를 구하기 위해 차를 번쩍 들어올렸다는 어머니 이야기도 있다.

속독 같은 것은 불가능하다고 생각하는 사람도 이와 같은 집중력을 발휘할 수 있다면 능숙하게 속독을 할 수 있을 것이다. 이처럼 집중력을 발휘할 수 있도록 과학적으로 자신을 컨트롤할 수 있다면 책을 읽는 속도도 올릴 수 있고, 또 인생의 여러 국면에서 성공도 할 수 있다. 또 속독력이 향상되면 기억력도 좋아지므로, 일석이조의 효과를 볼 수가 있다.

우선은 집중력이 좋아지고 있을 때 몸은 어떤 상태가 되는지를 과학적 측면에서 알아두길 바란다. 집중력이 높아질 때 몸 전체의 근육은 긴장에서 해방되어 이완되고, 그 대신 뇌는 극히 창조적, 긍정적이고 활발한 상태가 된다.

머릿속에서는 엔도르핀 등이 분비되어 머릿속뿐 아니라 몸을 쾌적하고 활발하게 만든다. 이때 뇌파를 조사하면 알파파가 보인다. 알파파는 마음이 안정된 상태이면서 의식 레벨은 창조적이고 활발하게 움직이고 있을 때 나타나는 뇌파다.

그러면 이런 집중 상태를 의식적으로 만들어낼 수 있을까. 물론 가능하다. 그 하나가 단전 호흡법이다. 그리고 이를 발전시킨 방법이 사이토식 ED3S 호흡법이다.

단전은 배꼽에서 3~10센티미터 내려간 곳에 위치한다. 우선 단전 호흡법은 호흡을 통해 정신적인 명상 상태를 만들어냄으로써 몸과 마음의 긴장을 풀고 정신을 집중시키는 것을 목적으로 한다.

한 걸음 쉬어가기

기억의 특성 ②

단기 기억은 단순하고 일시적인 화학 반응에 지나지 않지만, 중기, 장기 기억은 머릿속 세포가 생리적 변화를 일으킨다. 단기 기억을 중기나 장기 기억으로 바꾸려면 1시간가량의 시간이 필요하다고 한다. 또 50분간 기억 학습에 힘쓴 다음 10분 정도 휴식을 취하면 최고의 기억 효율을 올릴 수 있다는 사실이 실험을 통해 증명되었다.

과도한 긴장이나 스트레스는 내장 질환의 원인이 될 뿐 아니라 정신적으로도 인간을 궁지로 몰아넣는다. 따라서 정신적으로도 육체적으로도 과도한 긴장에서 해방되어 릴랙스하는 기술을 습득하는 것은 상당히 중요하다. 그리고 이 긴장 완화가 집중력 강화의 기초가 되는 것이다.

전기 등을 읽으면 예로부터 명인이라 불리는 사람 중 대부분은 호흡법을 익혀 집중력을 끌어올렸음을 알 수 있다. 집중력이 없으면 위대한 업적은 달성할 수 없기 때문이다.

단전 호흡법은 예로부터 명상이나 좌선, 기공 등을 할 때 쓰였다. 방법은 간단하다. 정좌를 하든지 아니면 의자에 앉아 등을 쭉 펴고, 심호흡을 하면 된다.

이처럼 호흡을 깊게 하면 전신에 긴장이 풀려 두뇌, 특히 긍정적이고 창조적인 사고를 담당하는 전두엽이 활성화된다. 요령은 처음에 숨을 깊게 내쉬는 것에 있다.

사이토식 ED3S 호흡법에서는 이때, 자신의 더러운 생각, 고민, 잡념 등 나쁜 생각을 전부 내뱉는 것에 의식을 집중시키라고 권하고 있다. 또 숨을 들이마실 때에는 신선한 공기와 함께 긍정적인 희망, 즐거운 일, 이루고 싶은 꿈 등 좋은 것을 함께 들이마시도록 한다.

명상 초기 단계 때는 눈을 감고 심호흡을 하고 있으면 이런 이미지 외에 다른 고민이나 여러 잡념이 떠오르는 경우가 있다. 이럴 때에는 마치 하늘에 떠 있는 구름을 보는 것처럼 편안한 마음

속독과 집중력을 배가시키는 호흡법

● 기억력의 3요소

 기공술에서는 몸 안팎을 순환하는 에너지가 출입하는 곳이라고 설명한다.

 배꼽에서 아래로 3~10센티미터 내려간 곳.

 명상을 한다는 느낌으로 조용하게 앉은 다음, 단전에 의식을 집중시켜 조용히 호흡을 반복한다. 이때 단전에 에너지를 받아들인다고 생각한다.

● 사이토식 ED3S 호흡법

 Every Dream의 줄임말. 눈을 감고 "언제나 꿈을!" 자신이 이루고 싶은 꿈을 머릿속으로 상상한다.

 웃음, 미소, 스마일. 방긋 웃는다.

 등은 쭉 편다. 어깨는 내리고, 온몸의 긴장을 푼다.

 자연스럽게 호흡한다. 그리고 평소보다 깊고 천천히 내뱉고, 깊고 천천히 들이마신다. 이를 1분 동안 반복한다.

을 유지해야 한다. 그리고 이들 잡념이 쓱 흘러가 사라지는 모습을 바라보는 것이다. 너무 의식적으로 쫓아내려 하지 않아도 심호흡을 하는 동안에 자연스럽게 흘러가버릴 것이다.

06

의욕과 집중력이 향상되는
'마음 컨트롤 기법'

속독 능력을 뒷받침하는 기술로 말하자면 기억력 강화와 함께 집중력 향상을 빠트릴 수 없다. 버그의 최고 속독 속도는 초당 1.5페이지라고 하는데, 만약 2초나 집중하지 못했다면 3페이지 분의 내용을 놓치게 되는 것이다. 속독에 집중력이 얼마나 필요한지를 알 수 있다.

집중력은 속독 효과를 올리기 위한 중요 요소이며, 반대로 올바른 속독 역시 집중력을 높여준다. 왜냐하면 속독에 의해 흥미로운 정보를 많이 접할 수 있기 때문이다.

그렇다고는 해도 집중력을 높이기란 그리 쉽지 않다. 집중력이란 스스로 마음을 제어하고 하나의 목적으로 향하게 만드는 일이다. 자신의 마음을 제어해서 집중하는 것은 살아가는 데에도 극히 중요한 능력이다.

집중력을 과학적으로 연구하여 실제로 활용하는 사람은 적다. 많은 사람들은 집중력이 흐트러지는 이유가 환경 때문이라고 생각한다. 하지만 상황을 개선하기 위해서는 환경보다도 자신의 마음이나 의지가 중요하다.

예를 들어 실연 등을 한 지 1년이나 지났어도 마음의 상처가 되살아나는 원인은 어디에 있을까. 벌써 흘러간 과거의 일이며, 자신에게 고통을 준 사람이 원인이 아니라는 것은 명백하다. 문제는 마음의 상처를 계속 껴안고 고통스러워하는 본인에게 있다. 그렇다는 것은 자기 자신이 과거에 일어난 일에 대한 생각을 컨트롤할 수 있다면 강렬한 아픔은 자연히 사라진다는 것을 의미한다.

마음을 컨트롤할 수 없는 사람은 과거에 일어난 여러 사건이나 미래에 대한 불안, 걱정으로 마음을 어지럽혀 집중하지 못하게 된다. 그리고 일이나 인생에서 자주 실패를 경험한다. 반대로 마음을 능숙하게 컨트롤할 수 있다면 오히려 과거의 쓰라린 사건까지도 발판으로 삼아 집중력을 강화하고, 자신을 향상시켜 인생을 성공의 길로 이끌 수 있다.

주변에서 일어나는 사소한 일로 마음을 어지럽히고, 자신의 불운을 저주하거나, 잘못을 주위 사람들에게 덮어씌워 상황을 악화시키는 사람도 있다. 이런 사람은 높은 집중력을 유지할 수 없다. 따라서 속독을 위해서뿐 아니라 인생의 모든 국면에서 자신의 마음을 컨트롤, 집중력을 높이는 것이 좋다.

또 하나 중요한 것은 마음을 컨트롤하는 기술이다.

특히 과거에 일어난 여러 가지 문제에 대해서 반성을 할 수는 있지만, 그것 때문에 끙끙 고민하면서 시간을 헛되이 보내서는 안 된다. 그리고 긍정적으로 문제를 해결하려고 노력한다. 또 장래에 대한 불안을 느끼고 있다면, 그것이 현실로 일어날지 어떨지도 확실하지 않고, 호전시킬 수도 있으므로 자신이 지금 할 수 있는 것만을 긍정적으로 생각하고 실행에 옮기도록 한다. 이렇게 하면 과거에 대한 후회나 미래에 대한 불안에서 해방되어, 자신이 갖고 있는 능력을 최대한 발휘할 수가 있다.

앞에서 소개한 호흡법에 이 긍정적인 사고법을 더해 일과 중 하나로 삼았으면 한다. 시간은 3분 정도면 충분할 것이다.

일본에서 개발된 모리타 요법이라는 방법도 있다. 모리타 요법이란 도쿄 자혜회 의과대학의 모리타 마사다케 교수가 개발한 세계적으로도 유명한 정신 건강법이다. 이 건강법의 주요 내용

한 걸음 쉬어가기

기억의 특성 ③

단기 기억을 장기 기억으로 바꾸기 위해서는 흥미와 의지를 갖고 반복하는 것이 중요하다. 효과적인 반복법에는 암기할 것을 종이에 적어서는 봉투에 넣고 조금씩 그것을 꺼내면서 확인하거나 또는 암기 카드를 사용하는 방법 등이 있다. 저마다 자신에게 맞는 방법을 개발해보자.

중 하나가 작업 요법이다.

짧게 설명하면 무언가 자신이 집중할 수 있을 것 같은 좋아하는 일에 과감히 몰두하는 요법이다. 좋아하는 일이나 독서, 취미, 무엇이든 좋다. 다른 것은 모두 잊고, 눈앞의 일에 열중하면 집중력을 키울 수 있다.

집중력을 높이는 법

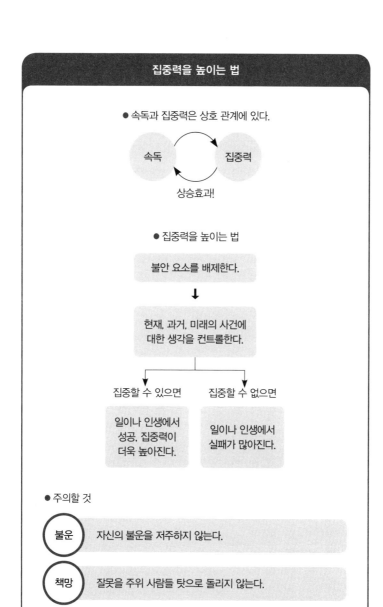

● 속독과 집중력은 상호 관계에 있다.

속독 → 집중력

상승효과!

● 집중력을 높이는 법

불안 요소를 배제한다.

↓

현재, 과거, 미래의 사건에
대한 생각을 컨트롤한다.

집중할 수 있으면 / 집중할 수 없으면

일이나 인생에서
성공, 집중력이
더욱 높아진다.

일이나 인생에서
실패가 많아진다.

● 주의할 것

불운 자신의 불운을 저주하지 않는다.

책망 잘못을 주위 사람들 탓으로 돌리지 않는다.

후회 과거의 실패를 반성하기는 하지만, 끙끙 후회하면서 시간을
허비하지는 않는다.

07

집중력을 자유자재로 높이는
'컬러 이미지술'

속독이나 기억 능력 향상을 위해 효과적으로 집중력을 높이는 방법은 이밖에도 많이 있다. 그 하나가 컬러 이미지를 이용하는 방법이다.

지금까지의 많은 연구들을 통해 색이 심리에 큰 영향을 미친다는 사실은 널리 알려져 있다. 인간은 오랫동안 자연 속에서 살아오면서 자신을 안전하게 지키기 위해 색과 깊은 관계를 맺게 되었다고 한다.

예를 들어 보통 사람이라면 보라색이나 회색 스테이크를 먹을 생각은 도저히 들지 않을 것이다. 또 초록빛 숲에 둘러싸인 푸른 호수나 바다라면 수영할 마음이 들겠지만, 새빨간 호수라면 헤엄칠 마음은 들지 않을 것이다. 이를 통해 알 수 있듯이, 색은 사람의 심리에 큰 영향을 준다.

이 컬러 이미지를 집중력 강화에 도입하는 방법도 있다.

대략적으로 설명하자면 빨간색이나 주황색은 사람의 마음을 활동적으로 만들고, 때로는 과잉 반응하게 만든다. 그 반대로 녹색이나 파란색, 하늘색은 사람의 마음을 안정시키고, 신경을 완화시키는 효과가 있다. 이를 이용해 집중력을 높이는 것이다.

빨간색이나 주황색 등의 난색 계열은 각성, 활성화에 사용하고, 녹색이나 파란색 등 한색 계열은 진정, 긴장 완화에 사용하는 등 집중력을 높이는 도구로 활용하면 된다.

평소에 활발하게 업무에 열중한 탓에 신경이 흥분되었을 때에는 푸른 숲속이나 투명한 하늘 아래 펼쳐진 해변, 나무가 무성한 공원 등을 산책하면 좋다. 반대로 활기가 없을 때에는 집안에만 있지 말고 번화가에 나가 사람들의 화려한 옷이나 쇼윈도 등을 바라보면 자연스럽게 의욕이 솟는다.

실제로 색을 보지 않더라도 눈을 감고 그 색을 상상하는 방법

한 걸음 쉬어가기

기억의 특성 ④

단기 기억을 장기 기억으로 바꾸는 기술을 익히면 다양한 순간에 도움이 된다. 직장인이나 연구 기술자 등이 연구 발표나 프레젠테이션을 할 때 등이 좋은 예다. 발표 내용을 암기할 때 이 모두를 장기 기억하는 것은 너무 어렵다. 이때 이 책에서도 소개한 우뇌 이미지 기억법 등을 도입하여 기억을 되살리는 방법을 익혀두면 좋다.

도 있다. 이미지를 선명하게 그릴 수 있다면 상상하는 것만으로도 실제로 보았을 때와 같은 효과를 얻을 수가 있고, 상당히 도움이 된다. 상상 속에서 자유롭게 컬러 이미지를 바꿈으로써 마음을 지나친 자극에서 안정된 상태로, 혹은 가라앉은 상태에서 활발한 마음으로 바꿀 수가 있다.

속독 중에 집중력이 떨어졌다고 느꼈을 때에는 잠시 쉬면서 이 컬러 이미지 요법을 강화해 자신이 지금껏 보았던 것 중에 가장 멋진 광경, 두근거리는 꿈 등을 잠시 상상해본다. 그러면 다시 집중력이 생겨 독서를 할 수 있게 될 것이다.

색으로 집중력 향상시키기

난색 계열	난색 계열

←————————————————————————→

빨간색, 주황색 등   파란색, 녹색 등

마음을 활동적으로 만들어 흥분시킨다.	마음을 진정시키고, 신경을 안정시킨다.
기분이 가라앉고 집중할 마음이 들지 않을 때는	**감정이 고조되어 집중할 수 없을 때는**
• 붉은 옷을 입는다. • 번화가로 나가 사람들이 입은 화려한 옷을 바라본다. • 방의 전구를 형광등에서 백열등으로 바꾼다.	• 마음을 안정시키는 녹색이나 파란색 계열의 옷을 입는다. • 녹색 숲속을 거닐어본다. • 투명한 푸른 하늘 아래 펼쳐진 해변으로 나간다.

 실제로 색을 보지 않고 머릿속으로 상상해도 된다.

 눈을 감고 마음속으로 새빨갛게 끓는 용암을 상상한다. 다음으로 하늘색 바다와 하늘이나 초록색 숲에 둘러싸인 호수를 상상한다.

선명하게 보인 순간에 집중력 향상!

08
최고의 집중 상태가 만들어내는
'우뇌 알파파 속독'

집중해서 속독을 하면 어떤 느낌이 들까.

앞서 소개한 버그의 에피소드 중에 유명 텔레비전 방송에 출연하여 지금까지 읽은 적이 없는 책을 속독, 내용에 관한 질문에 정확하게 대답했다는 내용이 있다. 그는 이때의 경험을 다음과 같이 설명하고 있다.

버그는 집중 상태에서 속독을 할 때 자신이 책과 하나가 되는 느낌이 든다고 한다. 속으로 책에 적힌 글을 일일이 읽거나, 듣는 것이 아니라 뇌가 직접 정보를 받아들이게 된다는 말이다. 이는 우뇌가 알파파 상태로 속독을 하고 있다는 의미다. 이때 뇌는 책과 하나가 되었기 때문에 집중력이 상당히 강해진다.

실제로 버그에게 속독 수업을 들었던 여대생은 수업 때 겪었던 흥미진진한 경험을 털어놓았다. 그녀는 배운 내용을 토대로 30분 동안 자신이 흥미가 있는 책을 한 권 속독했다. 그리고 집에 돌아가 다시 한 번 천천히 그 책을 읽고자 했다. 그런데 어찌된 영문인지 대부분의 내용을 이미 교실에서 읽었던 기억이 난 것이다.

속독은 우뇌에 의한 이미지 독서를 병용하기 때문에 우뇌가 자연스럽게 개발된다. 우뇌는 원래 좌뇌보다도 훨씬 잠재능력이 크고, 굳이 말하자면 평소에는 자고 있는 부분이 많다. 그것이 속독에 의해 자극을 받아 각성되어 많은 정보를 두뇌에 입력할 수 있게 된다. 예를 든 여대생의 경우가 바로 여기에 해당된다.

그리고 우뇌에 입력된 정보는 뇌량이나 간뇌를 통해 좌뇌로, 나아가 창조력이나 기획력을 담당하는 전두엽으로 퍼져나간다. 이렇게 두뇌 전체가 많은 지식을 흡수함으로써 활성화된다.

누구나 자신이 좋아하는 책에 푹 빠져 시간도 잊고 짧은 시간 동안에 수십 페이지를 읽었던 일이나, 어떤 일이나 취미에 푹 빠

한 걸음 쉬어가기

지적 혁명 시대의 도래

나는 IT 혁명 즉, 정보 혁명을 '지적 혁명'이라 부르고 있다. 지식의 가치가 중요시되어 개인이나 기업이 얼마나 유용한 지식을 창조할 수 있는가에 따라 승패가 결정되기 때문이다. 이러한 지식을 지속적으로 창조할 수 있는 기술을 익히는 것이 이 책의 크나큰 목적이다.

져 순식간에 다른 사람이 놀랄 정도의 성과를 올렸던 적이 있을 것이다.

　이때 당신의 집중력은 극히 높은 수준에 있다. 뇌 속에서는 쾌적 호르몬이 분비되고, 뇌파도 안정된 알파파 상태가 된다. 그리고 온몸은 의외로 릴랙스한 상태로, 긴장감이 사라진다. 그럼에도 불구하고 머리는 아주 맑아진다.

　이처럼 집중해야 할 때, 자유자재로 집중력을 강화시킬 수 있다면 당신은 많은 책을 읽으면서 동시에 많은 업무를 처리할 수 있을 것이다.

속독할 때의 뇌와 몸의 상태

뇌와 책이 하나가 된다.

책에서 얻은 정보

↓

우뇌로 입력

↓

뇌량이나 간뇌를 통해 좌뇌로

↓

전두엽으로 퍼져감

↓

두뇌 전체가 속독에 의해 활성화!

몸이 받는 느낌	얻을 수 있는 것
• 릴랙스 상태로 긴장감이 없다. • 머리가 맑아진다.	• 마음 편한 느낌 • 지식 흡수 • 창조력이나 기획력 발휘

10분에 한 권
당신도 속독할 수 있다!

신개념
속독법

초판 1쇄 발행   2021년 7월 23일
원저자 ㅣ 사이토 에이지
옮긴이 ㅣ 박선영
펴낸이 ㅣ 정광성
펴낸곳 ㅣ 알파미디어
등록번호 ㅣ 제2018-000063호
주소 ㅣ 서울시 강동구 천호옛12길 46 2층 201호
전화 ㅣ 02 487 2041
팩스 ㅣ 02 488 2040
ISBN 979-11-91122-21-3 03320